중학교

인성 ①

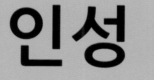

윤문원 지음

씽크파워
THINK POWER

이 책의 **구성과 활용**

구성

3장으로 구성하여 1장은 주요 인성덕목(꿈, 습관관리)이며, 2장은 인성교육진흥법에서 명시하고 있는 8대 인성덕목(예(禮), 효(孝), 정직, 책임, 존중, 배려, 소통, 협동)이며 3장은 예방 교육(학교폭력 예방, 자살 예방)입니다.

교과목과 연계

인성을 별도의 내용이 아니라 도덕, 사회, 국어 등 교과목과 연계하였습니다.

학습 목표

각 인성덕목에서 익혀야 할 주요 주제를 제시하였습니다.

요약식 서술

내용을 익히기 쉽도록 요약하여 서술하였습니다.

스토리텔링

자칫 딱딱하기 쉬운 인성교육 내용을 재미있는 이야기를 통해 습득할 수 있습니다. 특히 많은 위인들의 이야기를 실어 이들의 삶을 본받을 수 있도록 하였습니다.

삽화, 사진, 명화

내용을 이해하기 쉽도록 삽화와 사진, 명화를 풍부하게 실었습니다.

명언

내용에 걸맞은 위인들의 명언을 통해 쉽게 이해할 수 있습니다. 아울러 명언을 한 인물을 소개하였습니다.

영화 읽기

해당 인성덕목과 관련 있는 주제의 영화 이야기를 실어 흥미를 느낄 수 있습니다.

편지

인성덕목을 익히게 함에 있어서 주입식이 아니라 대화 형식의 서간체 편지를 실었습니다.

읽기 자료

해당 인성덕목과 관련 있는 내용의 읽기 자료를 첨부하였습니다.

책 읽기

각 인성덕목의 내용과 관련 있는 책의 문장을 실었습니다.

실천하기

각 인성덕목을 생활에서 실천할 수 있는 내용을 열거하였습니다.

토론하기

각 인성덕목의 토론거리를 제시하였습니다.

정리하기

각 인성덕목의 주요 내용을 요약하여 정리하였습니다.

확인하기

각 인성덕목의 내용을 문제를 통해 익힐 수 있습니다.

올바른 인성을 익히는 것은 인격과 직결되는 일이므로 매우 중요합니다. 이 책이 좋은 인성을 형성하는 데 도움이 되기를 바랍니다.

차례

PART 03

예방 교육

PART

01

주요 인성덕목

1 꿈

📖 학습목표 • 중학교 시절의 중요성을 인식할 수 있다.
　　　　• 꿈의 의미와 꿈을 실현하는 방법을 설명할 수 있다.

1 중학생과 꿈

인생에서의 중학생 시기

- 중학 시절은 초등 시절에 비해 신체적으로나 정신적으로 인생에서 가장 많은 변화를 겪는다. 누구나 한평생을 살면서 아동기, 청소년기, 청년기, 중년기, 장년기, 노년기를 맞이한다. 중학시절은 아동기에서 성인기로 옮겨가는 과도기인 청소년기의 시작으로 인생에서 전환기적 의미를 가지고 있다.

- 청소년(Adolescence, Youth)이란 용어는 라틴어로 성장한다(To grow up) 또는 성숙에 이른다(To come to maturity)란 의미이다. 이 시기에 신체적, 심리적, 지적 성장이 급속하게 진행된다. 제2의 탄생이라고 불리면서 인생에 있어서 독특한 특성을 보이는 중요한 시기이다. 한 마디로 말해 질풍노도의 시기이다.

- 질풍노도의 시기에 학업에 흥미를 얻거나 혹은 잃기도 하며, 친구나 가족과의 관계에서 갈등 현상을 보이기도 한다. 자신의 장래에 대한 생각을 본격적으로 시작하는 시기이며, 사춘기로서 때로는 불안해지거나 폭력에 민감해질 수 있다.

- 중학 시절을 어떻게 보내느냐에 따라 인생이 결정되므로 중학 시절이 매우 중요하다.

🎙 질풍노도의 시기

청소년에 대한 실질적인 연구는 청소년 심리학의 아버지로 불리는 스탠리 홀에 의해 체계화되었다. 그는 최초로 청소년기를 과학적인 태도와 방법으로 연구하여 1904년 인생에서 특별한 시기로 본 ≪청소년기 Adolescence≫라는 기념비적인 두 권의 책을 출간하였다.

스텐리 홀(Hall)은 청소년기를 '질풍노도의 시기(A Period of Storm and Stress)'로 묘사하였다. 그는 청소년기가 혼란스러운 것은 인간의 진화 과정에서의 과도기적 단계의 반응 때문이라고 생각하였다.

즉, 아동도 아니고 성인도 아닌 모호한 위치에서 청소년은 자아의식과 현실 적응 사이의 갈등, 소외, 외로움, 혼돈의 감정을 경험하게 되고, 이로 인한 긴장과 혼란이 이 시기를 '질풍노도의 시기'로 만든다는 것이다.

그는 청소년기를 '새로운 탄생'으로 보았는데, 청소년기에 보다 높은 수준과 완전한 인간 특성이 새로이 탄생한다는 것으로 청소년기의 중요성을 강조하였다.

스탠리 홀(Stanley Hall, 1844~1924)
미국의 심리학자, 교육자. 최초로 질문지를 고안, 청소년기를 과학적으로 연구하여 1904년 ≪청소년기 Adolescence≫라는 두 권의 책을 출간함.

중학 시절의 중요성

● 중학 시절은 여러 가능성을 놓고 어떤 조건에 구애 받지 않고 순수한 마음으로 인생의 목표와 방향을 생각할 수 있는 시기이다. 순수한 마음으로 '나는 어떤 인간이 되겠다'고 꿈을 꾸어야 한다. 지금 어떤 꿈을 가지고 있는가? 앞으로 어떤 일이나 직업을 가지고 싶은가?

● 질풍노도의 시기를 통과하고 있는 피 끓는 중학 시절은 인생에서 한 번뿐이다. 올바른 인성으로 바른 뜻을 세워야 한다. 꿈을 가슴에 품고 열정을 불태워야 한다. 현명하게 창의적으로 노력해야 한다. 인생에서 기회와 성과를 창출하는 기초를 닦아야 한다.

꿈과 열정의 시기

- 꿈에 미쳐야 한다. 꿈이야말로 무한한 가능성을 열어젖히는 것
이다. 크고 작은 꿈이 있기에 용감하게 맞서고 노력하면서 살
아간다. 꿈이 없다면 무엇으로 삶을 이끌어 가겠는가?
- 인생을 원대하게 보아야 한다. 인생에서 꽃이 피고 새가 지저
귀는 아름다운 봄날이 기다리고 있다. 꿈과 희망에 불꽃을 당
기고 지펴서 가슴이 뜨겁게 뛰어야 한다. 꿈이 아름답고 소담
스러운 열매를 맺어 인생을 풍부하게 해야 한다.

2 ꒰ **꿈이란 무엇인가**

나의 가슴속에 담긴 꿈

 월트 디즈니 어록

> 꿈을 이루는 사람들은 결코 포기하지 않고 도전한다. 도전하는 용
기가 있다면 멋진 삶을 살아갈 수 있기 때문이다. 무엇이라도 꿈을 꿀
수 있다면 그것을 실행하는 것 역시 가능하다.

🎙 월트 디즈니의 '디즈니랜드'

- 월트 디즈니는 자신의 꿈을 어떻게 펼쳤을까?

> 1935년 어느 날, 두 딸을 데리고 놀이터로 놀러간 월트 디즈니는
목마를 40번 이상 타면서도 싫증을 내지 않는 딸들을 보고 꿈을 꾸기
시작했다.
> '사랑하는 아이들에게 좀 더 재미있는 놀이터를 만들어 줄 수 없
을까?'

월트 디즈니(Walt
Disney 1901~1966)
미국 기업가. 미키 마우스
의 성공을 발판으로 애니
메이션 산업, 캐릭터 산업
선구자. 디즈니랜드라는
테마파크 설립.

과학과 자연이 어우러지고 새로운 꿈이 펼쳐질 수 있는 그러한 공원을 마음속에 그렸다. 그러던 그가 어느 날 디즈니랜드를 만들겠다고 하자 주위 사람들은 제정신이 아니라고 했다. 하지만 디즈니는 꿋꿋이 자신의 계획을 밀고 나가 마침내 1955년 로스앤젤레스 에너하임 시에 디즈니랜드를 세웠다.

그 후 미국 남동부 플로리다 올랜도에 제2의 디즈니랜드인 '디즈니 월드'를 건설하던 중 사망하였다. 1971년 디즈니 월드 개장식에서 한 인사가 나와 축사를 하면서 월트 디즈니가 이것을 보지 못하고 세상을 떠난 것에 대해 안타까운 일이라는 말을 했다.

잠시 후에 디즈니 여사가 단 위에 올라와 이렇게 참석자들을 향해 이야기했다.

"제 남편은 이미 디즈니 월드를 봤습니다. 그분의 마음속에는 언제나 디즈니 월드가 있었고 그 디즈니 월드를 보며 살았습니다."

월트 디즈니는 꿈을 가지고 황량한 들판에 디즈니랜드를 세웠고, 조용하고 한적한 시골마을 올랜도의 디즈니 월드를 이미 본 것이었다.

디즈니랜드

- 꿈은 이루고 싶은 간절한 소망이나 이상, 포부를 말한다.
- 꿈은 인생의 밑그림으로, 미래에 대한 장기 목표를 갖는 것이다.
- 꿈의 실현을 위해 목표를 명확하게 설정하고 끈기와 용기를 가지고 힘을 한 군데로 결집해 나가면 꿈을 이룰 수 있다.

사람의 크기는 꿈의 크기

 코이 이야기

• 꿈과 관련하여 코이 이야기가 뜻하는 것은 무엇일까?

코이

'코이'라는 비단잉어가 있는데 사는 공간에 따라 크기가 달라진다 작은 어항에 넣어두면 5~8센티미터 자라는데 그치지만 큰 수족관이나 연못에 넣어두면 15~25센티미터까지 자라고 놀라운 일은 강물에 방류하면 90센티미터~1미터까지 자란다.

● 꿈의 실현도 '코이'라는 비단잉어와 같다. 큰 꿈을 품으면 크게 되지만 작은 꿈을 가지면 작은 것 밖에 이루지 못하고, 꿈을 품지 않으면 그저 그렇게 살 수밖에 없다.

● 많은 중학생들이 방황하고 있다. 꿈을 품으면 방황할 틈이 없다. 꿈을 이루기 위해 노력하는데 방황할 시간이 어디 있겠는가?

● 품는 꿈의 크기에 인생의 크기가 결정된다. 피를 들끓게 하는 큰 꿈을 품고 앞으로 나아가라.

3 ⌐ 꿈을 정하고 노력하기

나의 꿈은 무엇인가?

괴테(Johann Wolfgang von Goethe, 1749~1832) 독일의 작가이자 철학자, 과학자. 저서에 ≪젊은 베르테르의 슬픔≫ ≪파우스트≫ 등이 있음.

 괴테 어록

꿈을 품고 무언가 할 수 있다면 그것을 시작하라. 새로운 일을 시작하는 용기 속에 당신의 천재성과 능력과 기적이 모두 숨어 있다.

교장 선생님이 된 청소부

• 청소부는 어떻게 교장 선생님이 되었을까?

미국 남부 루이지애나 주 〈포트베어 초등학교〉에 청소부로 취직한 조지프 게이브 소니어는 그 일을 자신의 천직으로 여기고 정성을 다해 열심히 했다. 교실에서 선생님과 아이들이 가르치고 배우는 모습을 직접 보고 들을 수 있는 것이 그에게는 커다란 행복이었다.

가끔씩 '내가 교사였다면 저런 상황에서는 아이들에게 이렇게 해주었을 텐데…'라고 상상에 젖었다. 하지만 곧 본연의 청소부로 돌아와 최선을 다했다.

1985년 어느 날 어린 시절 담임선생님이자, 당시 포트베어 초등학교의 교장선생님이 그에게 말했다. "자네는 청소부로서 정말 열심히 했네. 난 자네의 무한한 잠재력을 믿네. 앞으로 자네가 학생들을 가르치는 모습을 보고 싶네."

그는 늦은 나이에 루이지애나 대학교에 입학했다. 청소부로 돈을 벌면서, 대학에 다녀야 하는 힘든 상황에서도 포기하지 않고 열심히 했다. 그리하여 2008년 교육학 학사 학위를 취득하여 자신이 청소했던 학교에서 교사가 되었고 나중에는 교장까지 되었다.

● 어떤 꿈을 꿀 준비가 되어 있는가? 무엇을 이루고 싶은가? 자신의 꿈을 적은 '드림 리스트'를 가지고 있는가? 자신의 에너지를 어디에 쓰고 싶은가? 앞으로 어떤 직업, 어떤 일을 하고 싶은가?

● '나의 꿈은 무엇인가'를 결정하는 것이 중요하다. 피 끓는 청소년기에 접어든 나는 순수한 아름다움으로 마음껏 꿈꿀 수 있는 특권을 가지고 있다. 인생 전체를 조망하면서 꿈을 품고 앞으로 나아가야 한다. 삶의 목표를 정한 그날부터 진정한 인생의 항해가 시작되는 것이다.

꿈의 실현을 위한 노력

- 명확한 목표를 정하고 목표 달성을 위한 구체적인 계획을 세워야 한다.
- 꿈의 실현을 위해 차근차근 노력을 기울여야 한다.

4 ᐟ 꿈을 실현하는 방법

스티븐 스필버그
(Steven Spielberg,
1946~)
미국의 세계적인 영화감독이자 영화제작자.

꿈을 품기

 스티븐 스필버그 이야기

- 스티븐 스필버그는 어떻게 세계적인 영화인이 되었을까?

영화 '이티' 포스터

> 〈이티〉〈쥐라기 공원〉〈인디아나 존스〉중에서 본 영화가 있는가? 이를 연출한 세계적인 영화감독 스티븐 스필버그를 알고 있는가? 그는 자신의 꿈의 실현을 이렇게 말했다.
> "나는 열두 살 때 영화감독이 되기로 마음먹었습니다. 단순히 소망한 게 아니라 호기심과 상상력을 키우는 일에 흥미를 가졌고 내가 하고 싶은 일을 하면서 나의 꿈을 분명하게 그렸더니 영화감독이 되었습니다."

- 청소년 시기에 꿈을 품지 않으면 언제 품을 것인가? 꿈을 품어라. 꿈을 품는 것을 절대로 두려워하지 마라.
- 꿈을 품는 것은 어느 누구도 간섭하거나 방해할 수 없는 자신만의 세계이다. 꿈을 억누르지 말고 크게 품어라.

목표 설정

 추장 이야기

• 추장이 막내아들에게 추장 자리를 물려준 이유는 무엇일까?

> 인디언 마을에서 한 추장이 나이가 들어 세 아들 중에서 한 아들에게 추장을 물려주기로 하고 사냥을 떠났다. 사냥을 나선 지 얼마 후에 멀리 떨어져 있는 나뭇가지에 커다란 독수리 한 마리가 앉아 있는 것을 보았다.
>
> 추장은 세 아들에게 "저 앞에 무엇이 보이는가?" 하고 각각 물었다. 장남은 "파란 하늘과 나무가 보입니다.", 차남은 "거대한 나무와 나뭇가지에 앉은 독수리가 보입니다." 라고 대답했다. 추장은 실망스러운 표정을 지으며 막내에게 "너는 뭐가 보이느냐?" 하고 물었다. 막내는 "독수리의 두 날개와 그 사이의 가슴이 보입니다." 대답을 들은 추장은 "그러면 그곳을 향해 화살을 쏘아라." 막내의 화살은 독수리의 가슴에 명중했다.
>
> 집으로 돌아온 추장은 아들들에게 "막내가 '목적'과 '목표'를 정확하게 보았다. 우리가 산에 간 목적은 사냥이었다. 사냥감을 발견한 후에는 독수리의 가슴을 목표로 삼았고 그다음에 화살을 쏘았다. 그러니 막내를 다음 추장으로 지명한다."라고 선언했다.

● 자신의 목표를 알고 있다는 것은 자신의 꿈과 미래에 대해 소망을 갖는 것을 의미한다.

● 목표를 설정하면 목표 성취를 위해 현실적으로 어떤 노력을 기울여야 할 것인지를 심사숙고한다.

● 꿈이 크고 원대한 것이든 작고 소박한 것이든 종이에 꿈과 정확한 목표를 적는 것이 꿈을 이루기 위한 첫걸음이다.

용기 발휘

디에고 벨라스케스 〈말을 탄 펠리페 4세의 초상〉

 마하트마 간디 어록

> 용기는 말이 아니라 행동으로 보이는 것이다. 용기는 허세나 오만이나 광기와 다르다. 용감한 자는 정치적인 것이든, 사회적인 것이든, 혹은 개인적인 일이든 간에, 자신이 옳다고 믿는 것을 실천하며, 그 결과를 의연하게 감수해낸다.

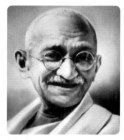

간디(Gandhi, 1869~1948)
20세기 인도의 위대한 민족주의 지도자. 비폭력주의를 제창하면서 영국의 식민지였던 인도의 독립을 주도함.

- 꿈을 실현하는 과정에서 용기를 발휘하여 행동으로 옮겨야 한다. 용기가 없으면 당황하고 겁을 먹는다.
- 의지가 곧은 사람은 버팀목인 용기에 의지하여 좌절하거나 흔들리지 않으면서 꿈을 실현한다.

자신감

쿠르베 〈돌 깨는 사람들〉

 척박한 땅

• 농부가 척박한 땅을 개간하여 엄청나게 수확한 비결은 무엇일까?

돌멩이가 가득하고 잡초가 무성한 척박한 땅을 개간하던 한 농부가 있었다. 오지라서 개간을 위해서는 사람이 손과 곡괭이로 돌과 잡초를 골라내야 하는 땅이었다. 주변 사람들은 그 농부에게 "쓸모없는 땅을 힘들게 개간해도 아무 소용 없을 거예요"라고 말했다.

하지만 농부는 "걱정하지 말아요. 내게는 특별한 비료가 있는데 그 비료를 쓰면 여기서도 농사를 잘 지을 수 있습니다"라고 항상 같은 말로 대답했다. 주변 사람들은 묵묵히 척박한 땅을 개간하는 농부를 지켜보면서 도대체 어떤 특별한 비료를 사용하고 있는지 궁금했다.

그 후 몇 년 동안 농부가 척박한 땅의 개간을 마치고, 그곳에 작물을 키워 엄청난 수확을 거두어들었다. 마을 사람들은 농부를 축하해 주면서 "나에게도 그 특별한 비료를 만드는 방법을 가르쳐 주세요"라고 하자 농부는 "내가 쓴 비료는 별거 아닙니다. '나는 이것쯤은, 충분히 할 수 있어'라는 자신감이 나의 특별한 비료입니다."

- '자신의 능력에 대해 확신을 갖는 것'이 자신감이다. 자신감은 자신을 용기 있게 만들어준다. 철저히 준비하고 계획해야 당당하게 자신감을 드러낼 수 있다.
- 자신을 능력 있는 사람으로 가꾸어 나가야 한다. 자신감이 있는 사람과 없는 사람의 차이는 꿈의 성공과 실패로 귀결된다.

도전

 킬리만자로의 표범

- 도전의 관점에서 킬리만자로의 표범이 뜻하는 것은 무엇일까?

> 먹이를 찾아 산기슭을 어슬렁거리는
> 하이에나를 본 일이 있는가?
> 짐승의 썩은 고기만을 찾아다니는 산기슭의 하이에나
> 나는 하이에나가 아니라 표범이고 싶다
> 산정 높이 올라가 굶어서 얼어 죽는 눈 덮인
> 킬리만자로의 그 표범이고 싶다
>
>  조용필의 대중가요 〈킬리만자로의 표범〉 첫 가사이다. 이 가사는 어니스트 헤밍웨이의 소설 ≪킬리만자로의 눈≫의 서두를 소재로 한 것이다.
> '킬리만자로는 높이 19,710피트, 눈으로 뒤덮인 산으로 아프리카 대륙의 최고봉이다. 이 봉우리에는 말라 얼어붙은 한 마리의 표범 시체가 놓여 있다. 도대체 그 높은 곳에서 표범은 무엇을 하고 있었는지 설명해 주는 사람은 한 사람도 없다.'

- 노래 가사나 소설이기는 하지만 표범이 산기슭에서 먹이를 구할 수 있는데도 왜 힘들게 눈으로만 덮인 산봉우리까지 가서 먹이를 구하려 했을까?
- 도전하면서 자신의 꿈을 끈질기게 추구하라는 메시지가 있다.

실행

 에디슨의 실행

• 에디슨이 수학자에게 강조한 것은 무엇일까?

에디슨이 발명왕으로 명성을 얻고 있을 때 후원 기업가가 도움을 주기 위해 한 수학자를 추천했다. 에디슨은 수학자의 능력을 시험해보기 위해 복잡한 구조의 병을 만들어 건네면서 말했다. "일주일 이내로 이 병에 물을 얼마나 담을 수 있는지 계산해 주세요."

일주일이 지나고 에디슨이 결과를 물어보자 수학자가 말했다. "이 병의 구조가 하도 복잡해서 단순한 수학 원리로는 계산할 수가 없어 조금 더 시간이 걸릴 것 같습니다."

그러나 다시 일주일이 지나도록 수학자는 해답을 내놓지 못했다. 에디슨은 수학자를 데려다 놓고 병에다 물을 부은 다음 그 물을 비커에 옮겨 부은 뒤에 말했다. "이것이 이 병의 부피입니다. 이론을 잘 아는 사람도 나에게는 필요하지만, 실행으로 연결해주지 못한다면 아무 소용 없지요."

● 뿌린 대로 거두고, 뿌린 게 없으면 거둘 것도 없다. 행동하면서 실천해야 성과가 나올 것 아닌가? 아무런 행동도 하지 않고 실천도 하지 않았는데 어떤 결과가 나올 리가 없는 것 아닌가? 시도하지 않으면 아무 것도 이룰 수 없다. 꿈을 실현하는 사람과 하지 못하는 사람의 차이는 바로 '행동력의 차이'다. 일단 계획을 세웠다면 실행해야 한다. 실행해보고 개선할 사항이 있으면 개선할 사항을 반영하여 또 다시 실행에 나가야 한다.

● 실행을 하면 할수록 실행하기가 쉬워진다. 더 빨리 실행할수록

토머스 에디슨(Thomas AEdison, 1847~1931) 미국의 발명가이자 사업가. 축음기 등 1,300여 품목을 발명한 세계적인 발명왕.

19

꿈을 이룰 확률이 높아진 꿈을 이룬 사람은 과감하게 행동에 나선 행동주의자이다.

성실

 어디서 영감을 얻습니까?

• 위대한 예술가의 기본적인 성공 비결은 무엇일까?

> 한 여성이 차이콥스키에게 "어디서 영감을 얻습니까" 하고 물었더니 "매일 아침에 스튜디오로 들어갈 때 영감도 따라 들어옵니다"라고 대답했다. 헤밍웨이도 창작 활동의 비결에 대해 "매일 정해진 시간에 책상에 앉는 것입니다"라고 말했다. 베토벤, 바흐, 모차르트는 매일같이 책상 앞에 앉아 작곡을 했다. 위대한 예술가는 영감이 떠오른 뒤에 작곡하는 것이 아니라, 열심히 작곡을 하면서 영감을 떠올렸다.

차이콥스키
(Tchaikovsky,
1840~1893)
러시아 낭만주의 시대 작곡가, 지휘자. 〈백조의 호수〉〈호두까기 인형〉〈비창 교향곡〉 등을 작곡.

● 노력도 하지 않고 성과를 내기 바라거나, 자신이 이루고자 하는 목표를 요령을 부려 손쉽고 빠르게 이루려고 하지는 않는가?

● 모든 탁월한 업적은 노력의 결과로 이루어진 것이다. 모든 위대한 업적은 거의 눈에 띄지 않는 수천, 수만 시간 동안의 힘겨운 노력, 준비, 연구, 연습의 결과물이다.

● 누군가가 무엇을 최고의 수준으로 해내는 것을 볼 때, 몇 년, 심지어 몇 십 년씩의 힘든 준비 과정과 정밀한 연습이 필요했다는 사실을 알아야 한다. 무임승차하려고 하지 말고 노력으로 결과를 얻을 각오를 해라.

끈기

🎙️ 끈기의 결실

• 꿈을 이루는 데 끈기가 왜 필요할까?

> 리처드 바크의 ≪갈매기의 꿈≫은 백사십 번, 마가렛 미첼의 ≪바람과 함께 사라지다≫는 서른여덟 번, 조앤 롤링의 ≪해리포터≫는 열두 번 출판사로부터 출간을 거절당했다. 하지만 이들은 끈기를 가지고 자신의 원고에 수정을 거듭한 끝에 세계적인 베스트셀러 작가가 되었다.

≪바람과 함께 사라지다≫
초판 표지

● 끈기는 꿈을 실현시키는 씨앗을 뿌리 내리게 해준다. 끈기 있는 사람에게는 중도 포기나 우유부단함이 있을 수 없다

● 중도에서 포기할 만큼 힘든 상황에서 조금만 더 버텨야한다. 마지막이라고 느껴질 때 끈기를 발휘해야 한다.

실천하기

- 중학 시절의 신체적·정신적 변화를 긍정적으로 받아들이고 대처한다.
- 꿈을 정하고 실현하기 위한 구체적이고 명확한 목표를 세운다.
- 목표 달성을 향한 구체적인 계획을 세운다.
- 용기를 발휘하여 목표를 향한 발걸음을 내디딘다.
- 도전에 대해 적극적이고 긍정적인 마음을 가진다.
- 안주하지 않고 도전을 두려워하지 않는다.
- '나에게 불가능은 없다'는 진취적이고 긍정적인 자신감을 가진다.
- 할 수 없는 변명을 만들지 않고 할 수 있는 이유를 생각한다.
- 천 마디 말보다 하나의 행동이 더 값지다고 생각한다.
- 결심한 일은 반드시 실행한다.
- 노력하지 않고 이루어지는 일이 없음을 인식한다.
- 최선을 다해 노력하는 자세를 가진다.
- 꿈을 향해 한 걸음 한 걸음씩 꾸준히 노력한다.
- 어떤 일이든지 단숨에 큰 성과를 내려고 하지 않는다.
- 끈기를 가지고 버티고 기다리면서 제 길을 간다.
- 일희일비하지 않고 인내하면서 꾸준히 노력한다.
- 중도 포기할 만큼 힘든 상황에서 조금만 더 버틴다.

토론하기

- 중학 시절이 인생에서 왜 중요한가?
- 꿈을 실현하기 위해서 어떻게 해야 하는가?

영화 읽기

꿈은 이루어진다
〈빌리 엘리어트〉

영화 〈빌리 엘리어트〉는 한 소년이 어려운 현실을 딛고 꿈을 실현해 나가는 과정을 그리고 있다. 파업 중인 광산을 배경으로 권투와 발레, 현실과 예술, 검은 석탄과 하얀 발레복의 대위법을 통해 감동을 전한다.

영국 북부의 작은 탄광촌에서 11세의 빌리 엘리어트(제이미 벨 분)는 광부인 아버지와 형, 그리고 치매 증세가 있는 할머니와 살고 있다. 빌리는 아버지가 보내준 권투 체육관에서 운동을 하던 어느 날, 우연히 체육관 한 귀퉁이에서 열린 발레 수업에 참여하게 된다. 빌리는 발레 수업의 평화로운 분위기와 아름다운 음악에 빠져든다. 그러나 빌리의 권투 연습을 보기 위해 체육관을 찾은 아버지는 아들이 발레 연습을 하는 것을 보고 당장 그만두라고 외치며 화를 낸다. 형도 마찬가지였다.

가족의 반대에도 불구하고 발레 교사인 윌킨슨 부인은 빌리를 헌신적으로 가르치며 왕립발레학교에 보내려 하지만 아버지의 강한 반대에 부딪히고 입학 오디션조차 보지 못한다. 빌리는 발레리노의 꿈이 수포가 된 상황에서도 춤으로 마음의 고통을 이겨낸다.

어느 해 크리스마스가 다가와 자신의 발레 솜씨를 친구에게 보여주고 싶었던 빌리는 텅 빈 체육관에서 춤을 춘다. 근처를 지나던 중 우연히 그 모습을 보게 된 아버지는 그제야 아들의 꿈이 무엇인지 깨닫는다. 그는 윌킨슨 부인을 찾아가 "빌리의 재능을 키우도록 하겠다"는 뜻을 밝힌다.

드디어 아버지는 빌리를 데리고 런던에 있는 왕립발레학교의 오디션에 참석한다. 며칠 후 학교로부터 합격 통지서가 도착하고 빌리는 런던으로 떠난다.

세월이 흘러 아버지와 형이 빌리가 주연을 맡은 〈백조의 호수〉를 관람한다. 마침내 한 마리의 백조처럼 공중을 향해 힘차게 비상하는 빌리. 그 모습을 보고 감격하는 아버지의 모습이 비치면서 영화는 끝을 맺는다.

• 빌리는 자신의 꿈을 실현하기 위해 어떤 노력을 했는가?

율곡 이이의 〈자경문自警文〉

〈자경문〉이란 스스로 경계하여 조심하는 글이라는 뜻이다. 율곡 이이가 일생동안 이루어야 할 자신의 모습을 정하고 마음을 바로잡기 위하여 적은 글이다.

- 입지(立志) : 목표를 크게 가진다.

- 과언(寡言) : 말을 적게 한다.

- 정심(定心) : 마음을 안정되게 한다.

- 근독(謹獨) : 혼자 있을 때에도 몸가짐이나 언행을 조심한다.

- 독서(讀書) : 옳고 그름을 알기 위하여 독서를 한다.

- 소제욕심(掃除慾心) : 재물과 명예에 관한 욕심을 경계한다.

- 진성(盡誠) : 해야 할 일에는 정성을 다하고, 하지 말아야 할 일은 단호히 끊는다.

- 정의지심(正義之心) : 정의롭지 않은 일은 절대 하지 않는다는 마음을 가진다.

- 감화(感化) : 누군가 나에게 이치에 맞지 않는 악행을 가해 오면, 나 지신을 돌이켜 보고 그의 마음을 감동시킨다.

- 수면(睡眠) : 밤에 잘 때나 병이 든 때가 아니면 절대로 눕지 않는다.

- 용공지효(用功之效) : 공부는 평생 꾸준히 하는 것이므로 공부를 게을리 하거나 서두르지 않는다.

이이(李珥, 1536~1584)
호는 율곡(栗谷). 조선 중기의 문신 · 성리학자. 저서로 ≪격몽요결≫ ≪동호문답≫ ≪성학집요≫ 등이 있음.

- 율곡 이이처럼 나만의 자경문을 만들어 보자.

정리하기

◉ 중학 시절은 신체적으로나 정신적으로 인생에서 가장 많은 변화를 겪는다.

◉ 중학 시절의 신체적·정신적 변화를 긍정적으로 받아들이고 대처한다.

◉ 중학시절을 어떻게 보내느냐에 따라 인생이 결정된다.

◉ 중학 시절은 인생의 목표와 방향을 생각할 수 있는 시기이다.

◉ 피 끓는 중학 시절에 꿈을 품고 열정을 불태워야 한다.

◉ 꿈을 실현하기 위해 집중하면 방황할 틈이 없다.

◉ 꿈을 품는 것은 자신만의 세계이다.

◉ 꿈을 품는 것을 두려워하지 말아야 한다.

◉ 품는 꿈의 크기에 따라 인생의 크기가 결정된다.

◉ 꿈의 실현을 위해 목표를 명확하게 설정하고 구체적인 계획을 세우고 차근차근 노력을 기울여야 한다.

◉ 꿈을 실현하기 위해서는 용기와 자신감을 가지고 도전하며, 성실한 자세로 실행하고 끈기를 발휘해야 한다.

확인하기

1 문제를 읽고 빈칸에 적절한 단어를 기입하세요.

청소년이란 용어는 라틴어로 성장한다 또는 (   )에 이른다는 의미이다.

2 문제를 읽고 O·X를 표시하세요.

꿈을 품는 것은 자신만의 세계이다. (   )

3 내 꿈에 대하여 적어 보세요.

내 꿈 : _____

이 꿈을 정한 이유 : _____

꿈을 이루기 위해 해야 할 일 : _____

내 꿈과 관련하여 내가 잘하는 것 : _____

_____

내 꿈과 관련하여 내가 잘 못하는 것 : _____

_____

내 꿈의 실현을 위한 각오 : _____

_____

4 꿈을 실현하기 위한 방법을 서술하시오.

_____

_____

2 습관관리

📖 학습목표 · 습관의 중요성을 이해하고 좋은 습관을 갖는 방법을 설명할 수 있다.
· 시간관리 중요성을 이해하고 선용하는 방법을 설명할 수 있다.

1 습관이란 무엇인가

습관의 의미

 별 모양의 돌

· 열정적인 청년은 별 모양의 돌을 찾았는데도 왜 강으로 던졌을까?

> 한 열정적인 청년이 사랑하는 여성에게 열렬히 청혼하면서 "하늘의 별이라도 따다 주겠다"고 하자 여성은 남자의 성실함과 끈기를 시험하기 위해 "하늘의 별은 딸 수 없으니 강변에서 별 모양의 돌을 하나 찾아달라"고 했다.
>
> 남자는 강변으로 나가 별 모양의 돌을 찾는 데 집중했다. 한 번 확인한 돌은 다시 확인하지 않기 위해 강에 던지면서 별 모양의 돌을 찾는 일을 계속했다. 돌을 찾는 손끝은 물집이 생겼고 수없이 돌을 집어 던진 어깨는 무척 아팠지만 포기하지 않고 반복적으로 해 나간 끝에 드디어 별 모양의 돌을 발견하고 "찾았다!"고 탄성을 질렀다.
>
> 하지만 그동안 했던 습관적인 행동으로 그만 돌을 강으로 던지고 말았다. 남자는 낙담했지만, 과정을 모두 지켜본 여성은 남자의 끈기 있는 노력에 감동하여 청혼을 받아들이고 결혼했다.

● 거의 무의식적으로 행해지는 반복적인 행동이다.

- 선천적이기보다는 후천적인 행동으로 제2의 천성이다. 천성이라는 것도 실천의 반복이 습관으로 뿌리내려야 한다. (예) 효도해 봄으로써 효자가 되고, 약자를 도와줌으로써 정의로운 사람이 된다.)
- 어떤 행동이든 습관이 될 수 있으며 습관이 되면 자연스럽게 행동하게 된다.
- 버릇은 처음에는 보이지도 않는 거미줄처럼 가볍지만 머지않아 습관이 되어 생각과 행동을 묶는 밧줄이 된다. 습관의 사슬은 거의 느낄 수 없을 정도로 가늘지만, 깨달았을 때는 이미 끊을 수 없을 정도로 완강하다.

습관이 인격

- 수 없이 많은 습관이 모여서 인격을 만든다.
- 원래 윤리학(Ethics)은 습관(Ethos)에서 파생된 단어이다. 윤리학에서 강조하는 도덕은 습관에서 형성되므로 좋은 습관을 길러야 한다.

습관이 운명

토마스 데커(Thomas Dekker, 1572~1632) 영국의 극작가.

 토머스 데커 어록

> 운명은 그 사람의 성격에 의해 만들어진다. 그리고 성격은 그 사람의 일상생활의 습관에서 만들어진다. 때문에 오늘 하루 좋은 행동의 씨를 뿌려서 좋은 습관을 거두어들이도록 해야 한다. 좋은 습관으로 성격을 다스린다면 그때부터 운명은 새로운 문을 열 것이다."

- 평범한 습관이 모여 비범한 운명을 만든다. 생각이 말이 되고, 말이 행동이 되고, 행동이 습관이 되고, 습관이 운명이 된다.

- 작은 습관의 차이가 인생을 가른다. 사소한 작은 습관이 누적되어 대단한 습관을 갖게 된다. 대단한 습관은 하루아침에 얻게 되는 것이 아니므로 매일 조금씩 좋은 습관을 단련시켜야 한다. 좋은 습관을 길러 몸에 배게 해야 한다. (예) 운동을 처음 시작하면 얼마 동안은 온몸이 쑤시고 아프지만, 그 고비만 잘 이겨내면 의식적인 노력 없이도 운동이 자연스러워지고 점차 운동하지 않으면 못 견딜 정도로 습관화된다.)
- 꿈의 실현은 좋은 습관이 쌓여 이루어진 건축물이다.
  - 좋은 습관 – 어렵게 형성 – 성공의 열쇠
  - 나쁜 습관 – 쉽게 형성 – 실패의 나락
  - 어떤 습관이냐에 따라 삶을 결정짓게 되므로 인생을 보다 낫게 변화시키고 싶다면 나쁜 습관을 버리고 좋은 습관을 길러 나가야 한다.

좋은 습관을 길들이는 방법

- 나쁜 습관을 버리고 좋은 습관을 길러나간다. 나쁜 습관은 처음에는 '이래서는 안 되지.' 의식하면서도 스스로 자기합리화를 하게 되고 한 번 두 번 횟수를 거듭하면서 무의식적으로 자연스럽게 받아들인다. 나쁜 습관은 자신이 알기도 전에 이미 습관화되고, 습관의 지배를 받게 된다.
- 나쁜 습관에 지배당하지 않고 정복한다. 나쁜 습관은 좋은 습관으로만 정복된다. 나쁜 습관에 경쟁이 되는 새로운 좋은 습관을 부단한 훈련을 통해 길들인다. 작은 것, 쉬운 것부터 시작하면서 행동을 다스린다. 좋은 습관을 길들이기 위해 집중력과 인내를 발휘한다.
- '21일 법칙' : 좋은 습관을 몸에 배게 하는 데는 21일 동안 꾸

준히 의식적으로 노력해야 한다. 생체리듬으로 자리를 잡는 데 최소한 21일 소요된다. 21일은 생각이 대뇌피질에서 뇌간까지 내려가는 최소한의 시간이다. 생각이 뇌간까지 내려가면 자연 스럽게 습관화가 이루어진다.

벤저민 프랭클린
(Benjamin Franklin,
1706-1790)
미국의 과학자이며 외교관 이자 정치가. 피뢰침과 다 초점 렌즈 등을 발명. 미국 독립에 크게 이바지하는 업적을 남겨 100 달러 지 폐에 초상화가 실려 있음.

2 ◠ 습관관리를 통한 시간관리

시간 가치

 점점 비싸지는 책값

• 왜 벤저민 프랭클린은 책값을 점점 비싸게 불렀을까?

책 읽기를 좋아했던 벤저민 프랭클린이 서점을 운영할 때의 일화이다.

어느 날, 한 손님이 서점에서 책을 고른 다음에 "이 책이 얼마입니까"라고 책값을 묻자 프랭클린은 "2달러입니다"라고 대답했다. 그러자 손님이 조금 싸게 해달라고 하자 프랭클린은 "그렇다면 그 책값 은 2달러 30센트입니다"라고 말했다. 어리둥절해 진 손님이 "책값을 싸게 해달라고 했는데 더 비싼 게 말이 됩니까?" 하자 프랭클린은 태연하게 "손님 이 지금 이 책을 사려면 3달러를 주셔야 합니다"라 고 말했다.

손님은 어이가 없는 표정을 지으며 화가 난 목소 리로 "왜 물을 때마다 오히려 점점 더 비싸지는 거 요"라고 하자 프랭클린은 "시간은 돈보다 귀중한 것 입니다. 처음에 정직한 가격을 제시했는데 왜 자꾸 쓸데없이 시간을 낭비하게 합니까? 값이 더 비싸지는 것은 시간 낭비에 대한 대가입니다."

살바도르 달리 〈기억의 지속〉

● 삶은 시간과 더불어 영위되므로 시간을 관리하는 것은 중요하다. 시간은 삶을 구성하는 기본적인 중요한 재료로 인간은 시간에 의해 살고, 시간 속에서 살아가고, 생을 마친다. 시간이 삶을 지배하며 시간은 곧 인생이다.

● 시간은 빌릴 수도, 고용할 수도, 구매할 수도 혹은 더 많이 소유할 수도 없는 독특한 자원으로 한번 가버리면 다시는 돌아오지 않는다. 이 세상에서 가장 정확하고 엄격한 것이 시간의 흐름으로 멈추지 않고 흘러간다. 시간은 과속으로 달리는 법도 없고 속도를 늦추거나 지체하는 일도 없다. 세상이 어떻게 변하건 인간이 어떤 인생을 영위하건 시간은 어김없이 흘러간다. 살아 있는 한 시간은 흐르고 모든 것은 지나간다.

● 시간 가치를 소중히 여겨야 한다. 1년의 소중함을 알고 싶으면 1년 동안 시험 준비해 낙방한 사람한테 물어보고, 한 달의 소중함은 한 달 부족한 미숙아를 난 산모에게, 1주일의 소중함은 주간지 편집장에게, 하루의 소중함은 하루 벌어서 하루 먹고

31

사는 가장에게, 한 시간의 소중함은 애인을 위해서 한 시간을 기다려야 하는 사람에게, 1분의 소중함은 1분 차이로 비행기를 놓친 사람에게, 1초의 소중함은 1초 차이로 대형 참사를 모면한 사람에게, 1/10초의 소중함은 올림픽에서 은메달을 딴 사람에게 물어보면 될 것이다.

- 오늘은 어제 세상을 떠난 이들이 그토록 갈망했던 내일이다. 주어진 삶의 시간은 한정되어 물처럼 바람처럼 흘러간다. 나이를 먹을수록 주어진 삶의 시간은 계속해서 줄어들고 이에 반비례하여 시간의 가치는 점점 더 높아진다.

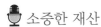 소중한 재산

- 아들이 생각하는 소중한 재산은 무엇일까?

> 아버지와 아들이 진지한 대화를 나누었다. "너에게는 훌륭한 자질이 있다. 꿈을 향해서 꾸준하게 끈질기게 접근해가는 힘이 있다. 너의 인생 목표가 무엇이냐?" "아버지! 저는 남을 돕는 일을 하고 싶어요."
> 남을 도우려면 네게 뭔가 가진 것이 있어야 하잖니. 재산이 있다든가 지식이 많다든가…." "아버지, 저에게는 시간이 있잖아요! 시간이야말로 저의 소중한 재산이에요." 아버지와 아들의 손과 손이 굳게 쥐어졌다.

- 시간이 배급되어 있다는 것은 기적이며 누구에게나 공평하게 주어진 자본금이다. 아침에 눈을 뜨면 마술과 같이 24시간이 가득 차 있는데 1,440분, 86,400초를 매일 선물 받는다. 시간은 여분의 재산 중에서도 가장 소중한 재산이다.

- 인생은 단 한 번뿐이며 인생이란 흘러가는 시간을 어떻게 보내

느냐에 달려있다. 덧없이 보낸 시간은 아무리 후회해도 다시 오지 않으므로 시간은 효율적으로 사용함으로써 아낄 수 있다. 시간을 철저하게 활용하는 습성을 지녀야 한다. 시간의 낭비는 인생의 낭비이므로 인생을 사랑한다면 시간을 낭비하지 말아야 한다.

● 친구가 돈을 꾸어 달라고 하면 주저하면서, 놀러 가자면 쉽게 응하는 경우가 많은데 돈보다 시간을 빌려주는 것에 아주 관대하다. 돈을 아끼듯 시간을 아끼면 많은 일을 할 수 있다. 낭비하는 시간을 자기 발전에 바치면 꿈을 실현할 수 있을 것이다. 어떤 사람은 꿈을 실현하고 어떤 사람은 낙오자가 되는 것은 시간을 잘 활용했느냐 허송세월하였느냐에 달려있다.

시간 활용

 발타사르 그라시안 어록

> 지혜로운 사람은 우둔한 사람이 가장 나중에 하는 일을 즉시 해치운다.

 우선순위

• 일을 효율적으로 하기 위해서는 어떻게 해야 할까?

> 선생님이 학생들에게 강의를 시작하면서 운을 뗐다. "자, 실험을 한 번 해볼까요?" 선생님은 준비된 커다란 항아리를 테이블 위에 올려놓았다. 그리고 주먹 크기의 돌을 꺼내 항아리 속에 하나씩 넣기 시작했다. 항아리에 돌이 가득하자 그가 물었다. "이 항아리가 가득 찼습니까?" 학생들이 이구동성으로 "예" 하고 대답했다.

발타자르 그라시안
(Balthasar Gracian,
1601~1658)
스페인을 대표하는 작가이자 철학자. ≪세상을 보는 지혜≫ ≪나를 아는 지혜≫ 등이 있음.

그러자 교사는 "정말?" 하고 되묻고 나서, 조금 작은 자갈을 항아리에 넣고 흔들었다. 돌 사이에 자갈이 가득차자, 다시 물었다. "이 항아리가 가득 찼습니까?" 눈이 동그래진 학생들이 "글쎄요"라고 대답하자, 이번에는 돌과 자갈 사이의 빈틈을 모래로 가득 채운 후에 다시 물었다. "이 항아리가 가득 찼습니까?"

뭔가를 알아차린 듯 학생들은 "아니요"라고 대답하자, 교사는 "그렇습니다"라고 말하면서 물을 항아리에 붇고 학생들에게 물었다. "이 실험은 어떤 의미가 있다고 생각합니까?" 학생들은 서로가 눈치만 볼 뿐 아무도 대답하지 못하자 선생님이 말을 이어갔다. "이 실험의 의미는 큰 돌을 먼저 넣지 않는다면, 큰 돌을 넣을 수 없다는 것입니다. 일에는 우선순위가 있다는 것을 강조하고 있습니다."

- 그렇다. 명확한 우선순위를 설정하는 것은 시간을 효율적으로 활용하는 핵심이다. 시간을 잘 이용한 사람이 꿈을 실현한다. 기쁘고 행복한 하루, 반면에 덧없는 하루는 시간 관리의 결과다. 시간을 재미있게 느끼게 하는 것은 활동이며 시간을 견딜 수 없이 지루하게 하는 것은 게으름이다.

- 해야 할 일을 앞에 두고 하품을 하면서 "뭘 시작하기엔 시간이 좀 부족하고…." 하면서 빈둥거려서는 안 된다. 만약 이런 태도를 가진다면 시간이 충분히 있어도 뭔가를 시작하지 않을 것이며, 공부에서나 일에서 아무런 성과를 거둘 수 없다.

- '시간 부족'이란 말은 없으며 하고자 하는 것을 하기에 충분한 시간은 있다. 너무 바쁘다고 한다면 바쁘면서 더 많은 것을 해내는 사람이 많다는 것을 떠올려야 한다. 그들은 더 많은 시간

을 가진 것이 아니라 시간을 더 효율적으로 사용하는 것뿐이다. 시간을 효율적으로 사용하는 습관을 길러야 한다.

시간 약속

🎙 웰링턴의 시간 엄수

• 웰링턴은 시간 엄수에 대해 어떻게 생각했을까?

> 어느 날 웰링턴이 관리 한 사람과 만날 약속이 있었다. 그런데 그 관리가 5분 늦게 나타나자 웰링턴은 이렇게 말했다. "단 5분이라고? 하지만 그 사이에 우리 군대가 전쟁에서 졌을지도 모르지 않소?"
> 다음 약속 시각에는 그 관리가 5분 일찍 와서 기다렸다. 정각에 나타난 웰링턴이 이번에는 이렇게 나무랐다. "시간의 가치를 모르는군요. 5분씩이나 낭비를 하다니 그 시간이 아깝지 않소?"

웰링턴(Wellington, 1769~1852)
영국의 군인이며 정치가. 나폴레옹 전쟁 때 영국군 총사령관으로 워털루에서 나폴레옹을 무찔렀음. 후에 영국의 총리(1828~1830)가 되어 훌륭한 정치를 펼쳤음.

● 시간 엄수는 의무이다. 시간 약속은 상대방의 시간을 존중하는 것이다. 시간 약속은 일종의 계약이므로 지키지 않으면 신뢰가 깨진다.

● 상습적으로 지각하는 사람에게 규칙적인 것은 지각밖에 없다. 상습적으로 지각하는 사람은 일을 성취하는 데도 상습적으로 뒤쳐진다.

● 조금 늦게 도착하여 허둥대며 준비가 덜 된 상태에서 일을 시작해서는 안 되며 시간 안에 도착하여 당황하지 않고 여유있게 일을 처리해야 한다.

실천하기

- 습관이 내 인생을 결정함을 인식한다.
- 나쁜 습관을 중단하고 좋은 습관을 길들이는 행동을 실행한다.
- 좋은 습관을 형성하기 위해 핑계를 대지 않고 꾸준히 실천한다.
- 나쁜 습관에 물드는 환경에서 벗어난다.
- 나쁜 습관의 목록을 작성하고, 좋은 습관으로 바꾸어 나간다.
- 시간의 소중함을 인식하고 최대한 선용한다.
- 사전에 철저한 준비를 하여 시간을 효율적으로 사용한다.
- 낮은 가치의 활동을 줄이고 높은 가치의 활동에 시간을 투자한다.
- 시간을 창조적이고 효율적으로 사용한다.
- 복잡한 일을 단순화시켜 처리한다.
- 순서에 따리 일을 한다.
- 긴급성과 중요성을 따져서 우선순위를 정한다.
- 당장 해야 할 일은 미루지 않고 곧바로 한다.
- 해서는 안 될 일, 필요가 없는 일은 하지 않는다.
- 자투리 시간을 활용한다.
- 모든 일에서 정해진 시간을 지킨다.

 토론하기

- 좋은 습관을 기르기 위해 어떤 노력을 기울여야 할까?
- 시간을 가치 있게 활용하기 위해서는 어떻게 해야 할까?

책 읽기

≪니코마코스 윤리학≫
(아리스토텔레스)

우리는 건축가가 된 다음에 집을 짓거나, 거문고 연주가가 된 다음에 거문고를 타게 되는 것은 아니다. 집을 지어봄으로써 건축가가 되고, 거문고를 타봄으로써 거문고 연주가가 되는 것이다. 마찬가지로 우리는 옳은 행위를 함으로써 옳게 되고, 절제 있는 행위를 함으로써 절제 있게 되며, 용감한 행위를 함으로써 용감하게 되는 것이다.

그러나 한 마리 제비가 날아왔다고 봄이 오는 것이 아니고, 어느 하루가 무더웠다고 여름이 시작되는 것도 아니다. 실천은 성향이 되고 성향이 습관이 될 때 비로소 성품이 탄생하게 된다. 남과 사귀는 가운데 우리가 늘 행하는 행위에 따라 우리는 올바른 사람이 되거나 옳지 못한 사람이 되며, 또 위험에 부딪혀서 무서워하거나 태연한 마음을 지니는 습관을 얻게 됨으로써 용감하게 되거나 혹은 겁쟁이로 된다. 욕망이나 노여움 같은 것의 경우도 이와 마찬가지이다. 자기가 당한 처지에서 어떻게 행동하는가에 따라, 절제 있고 온화한 사람이 되기도 하고 혹은 방종하고 성미 급한 사람이 되기도 한다.

이렇게 보면 우리가 어렸을 적부터 어떠한 습관을 지니는가 하는 것은 결코 사소한 차이를 낳는 게 아니다. 아주 결정적인 차이, 아니 모든 차이가 거기에서 비롯된다. 좋은 습관을 지님으로써 좋은 인간이 된다.

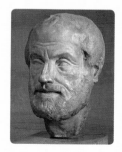

1566년 간행된 ≪니코마코스 윤리학(Nicomachean Ethics)≫
도덕에 관한 아리스토텔레스의 철학을 담은 책. 니코마코스는 아리스토텔레스의 아들 이름. 전 10권으로 이루어진 세계 최초의 체계적인 윤리학 책.

아리스토텔레스(Aristoteles, BC 384~BC 322).
고대 그리스 최대의 철학자. 플라톤의 제자이며, 알렉산더 대왕의 스승. 소크라테스, 플라톤과 함께 고대 그리스의 가장 영향력 있는 학자.

• 사람의 차이는 어디에서 비롯된다고 보고 있는가?

정리하기

◉ 습관은 거의 무의식적으로 행해지는 반복적인 행동이다.

◉ 습관은 선천적이기보다는 후천적인 행동으로 제2의 천성이다.

◉ 어떤 행동이든 습관이 될 수 있다. 습관을 어떻게 길들이느냐에 따라 인격이 달라 진다.

◉ 습관이 모여서 인격을 만든다.

◉ 생각이 말이 되고, 말이 행동이 되고, 행동이 습관이 되고, 습관이 운명이 된다.

◉ 평범한 습관이 모여 비범한 운명을 만들며 작은 습관의 차이가 인생을 가른다.

◉ 좋은 습관은 어렵게 형성되지만 꿈의 실현으로 이끌고, 나쁜 습관은 쉽게 형성되 지만, 실패의 나락으로 떨어뜨린다.

◉ 자신의 미래를 망가뜨릴 나쁜 습관을 좋은 습관으로 바꾸어야 한다.

◉ 좋은 습관을 길들이기 위해서는 집중력과 인내를 발휘해야 한다.

◉ 좋은 습관을 몸에 배게 하는 데는 21일 동안 꾸준히 의식적으로 노력해야 한다.

◉ 시간은 삶을 구성하는 기본적인 중요한 재료이다.

◉ 시간은 한번 가버리면 다시는 돌아오지 않으므로 시간 가치를 소중히 여겨야 한다.

◉ 누구에게나 공평하게 주어진 시간을 어떻게 활용하느냐에 따라 인생이 결정된다.

◉ 시간의 낭비는 인생의 낭비이므로 인생을 사랑한다면 시간을 낭비하지 말아야 한다.

◉ 일에 우선순위를 정하는 것은 시간을 효율적으로 활용하는 핵심이다.

◉ 시간 약속은 상대방의 시간을 존중하는 것이다.

확인하기

1 문제를 읽고 O · X 답안을 클릭한 후, 정답을 확인해 봅시다.

'습관은 선천적인 행동이며 의식적으로 행해진다.' (   )

2 문장을 읽고, 적절한 단어를 빈칸에 기입한 후 정답을 확인해 봅시다.

버릇은 처음에는 보이지도 않는 거미줄처럼 가볍지만 머지않아 습관이 되어 생각과 행동을 묶는 (   )이 된다.

3 나의 좋은 습관과 나쁜 습관을 쓰세요

좋은 습관 :

나쁜 습관 :

4 좋은 습관을 길들이려면 어떻게 해야 하는지 적어 보세요.

5 시간관리의 중요성에 대해 서술하시오.

정답 1. X 2. 쇠사슬 3~5. 각자 작성

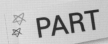
02

8대 인성덕목

1 예(禮)

📖 학습목표 • 예절의 본질과 효과를 설명하고 실천 사항을 열거할 수 있다.
• 겸손을 교만과 비교하여 설명하고 실천 사항을 열거할 수 있다.
• 예절과 관련하여 용모의 중요성을 이해할 수 있다.

1 예절의 본질

예절의 의미

 ≪예기≫ 중에서

> 예는 스스로를 낮추어 남을 존경하는 것이다.

예기 禮記
중국 고대 유가(儒家)의
경전인 오경(五經)의 하
나. 예법(禮法)의 이론과
실제를 풀이한 책.

- 다른 사람을 공경하는 마음가짐이다. 자신을 억제하고 상대방에게 맞추려고 하는 분별과 양식 있는 행위이다. 말과 행동과 몸가짐으로 상대방을 존중하는 표현이다.
- 공동체에서 오랫동안 형성된 행위 양식이나 생활 방식이다. 자신을 보호하는 틀이며 공동체의 조화와 유지를 위한 약속이다.
- 예절은 내면의 인격이다. 사람은 예절을 통해서 자신을 드러낸다. 상대방은 예절을 통해서 사람의 인격을 평가한다.

예절을 발휘해야 하는 이유

- 마음대로 행동한다면 공동체가 질서도 없고 혼란에 빠지게 된다.
- 인간은 사회적 존재로 더불어 살아가야 하므로 예의가 필요하다.
- 자신과 공동체를 위해 필요하다. 개인에게 있어서는 자제력을 발휘하여 참다운 인간을 만들어주고 공동체 안에서는 타인에 대한 배려와 조화로운 삶을 영위하도록 만든다.

예절의 효과

- 예의는 서로서로 하는 것이다. 내가 예의를 다하면 상대방도 예의를 다해 밝은 사회가 만들어진다.
- 인간관계에 있어서 예의는 필수적이다. 예의는 인간관계를 부드럽고 편안하게 만들어준다. 서로 간에 예의를 지키면 좋은 인간관계가 형성되고 유지되면서 발전한다.

예의 바른 사람이 되는 방법

- 가장 기본적인 행동인 인사를 잘한다.
- 공손하게 말하고, 겸손하게 행동하고, 단정한 몸가짐을 하는 습관을 기른다.
- 예의 바른 사람의 좋은 본보기를 관찰하고 본받아 몸에 익힌다.
- 가족이나 친구 등 가까운 사람에게 예절을 지킨다.
- 예절을 시대의 변천과 상황에 따라 융통성을 발휘한다.

2 ᐤ 사이버 예절

사이버(cyber)
가상 또는 공상의 의미. 요즘에는 컴퓨터 안이나 각 컴퓨터를 연결하는 네트워크를 사이버로 포괄해 부름.

상대방의 수치심을 불러일으키지 않기

- 욕설이나 저속한 말을 올리지 않는다.
- 근거 없는 악성 댓글을 올리지 않는다.

인권을 침해하지 않기

- 다른 사람의 전자우편을 몰래 훔쳐보지 않는다.
- 다른 사람의 명예를 훼손하는 글이나 개인 정보를 올리지 않는다.

3 ᐤ 학교생활 예절

수업 시간의 예절

- 선생님의 강의에 귀를 기울인다.
- 수업이 시작되기 전과 끝났을 때 인사하여 감사함을 나타낸다.
- 질문을 할 때 손을 들고, 선생님이 지명하면 분명한 어조로 말한다.
- 다른 학생이 질문을 하거나 발표를 할 때는 비웃거나 잡담을 하지 않는다.
- 선생님이 교실 문을 나서기 전에 먼저 밖에 나가는 일은 자제한다.
- 수업이 끝나면 칠판을 깨끗하게 닦아 놓고 다음 수업 준비를 한다.

식사 시간의 예절

- 식사를 할 때 정해진 시간에 한다.
- 돌아다니거나 떠들면서 식사하지 않는다.
- 식사하면서 코를 푸는 행위나 불쾌감을 주는 언행을 삼간다.
- 식사를 끝낸 뒤에는 주변에 흘린 음식물이 없도록 한다.

실내 및 도서실 이용 예절

- 실내에서 걸을 때 큰 소리가 나지 않도록 한다.
- 도서실에서는 다른 학생의 공부에 방해가 되지 않도록 걷는다.
- 계단에서는 장난을 치지 않는다.
- 도서실에서 책을 읽을 때 소리가 나지 않도록 한다.
- 손에 침을 묻혀 책장을 넘기거나 책에 낙서를 하거나 찢지 않는다.

학교 시설물 이용하는 예절

- 책상과 걸상에 칼로 흠을 내거나 낙서를 하지 않는다.
- 책상에 걸터앉거나 파손하는 행위를 하지 않는다.
- 사용한 뒤에는 정리하여 제자리에 놓아둔다.
- 수돗물과 전기를 아껴 쓰고, 쓰레기는 분리수거 한다.
- 학교 시설물을 파손하거나 흠집을 내지 않는다.

45

4 · 겸손의 의미

 오프라 윈프리 어록

> 오프라 윈프리가 토크쇼 시청률 1위의 유지 비결을 말했다.
> "나는 항상 10등인 것처럼 행동한다. 내가 넘버원이 될 수 있는 이유는 바로 거기에 있다. 1등이라고 생각하는 순간 이미 10등이 되어 버릴지 모른다."

오프라 윈프리(Oprah Winfrey, 1954~) 미국의 배우. 방송인

자신을 낮추는 것

 슈바이처의 겸손

• 슈바이처 박사는 겸손을 어떻게 실천했을까?

> 의사인 슈바이처 박사는 노벨평화상 시상식에 참석하기 위해 아프리카를 떠나 유럽 쪽으로 와서 기차를 타고 스웨덴을 향하고 있었다. 중간 기착지인 파리에서 취재를 위해 기자들이 몰려들어 특실 칸을 샅샅이 뒤지고 있었다. 노벨평화상 수상자이니 당연히 특실에 탔을 것으로 생각했지만 그곳에는 없었다. 그래서 일등실도 찾아봤지만, 그곳에도 없었고 이등실도 찾아봤지만, 그곳에도 없었다.
> 급기야 남루한 사람들이 딱딱한 나무 의자에 모여 있는 삼등실에서 한 소녀를 진찰하고 있는 그를 만날 수 있었다. 한 기자가 "노벨상을 받으러 가시는 선생님께서 특실을 타셔야지 어떻게 이런 불편한 삼등실을 타셨습니까"라고 물었다. 슈바이처는 인자한 목소리로 "나는 편안한 곳이 아니라 나의 도움이 필요한 곳에 있습니다. 특실에는 제 도움이 필요한 사람이 없더군요."

알베르트 슈바이처
(Albert Schweitzer, 1875~1965)
독일의 의사·철학자. 아프리카의 가봉에 있는 랑바레네로 가서 평생을 의료 봉사했음. 1952년 노벨평화상을 받아 상금을 모두 병원을 위해 사용했음.

• 벼가 익을수록 고개를 숙이듯 겸손함을 보여야 한다.
• 겸손하면 많은 사람을 포용할 수 있고 인간관계가 좋아진다.

교만하지 않는 것

 버드나무와 참나무

- 버드나무가 참나무를 이긴 이유는 무엇일까?

> 숲에 버드나무와 참나무가 살고 있었는데, 참나무가 버드나무에게 "버드나무야, 너는 조그만 바람에도 가지가 휘어지고 쓰러질 것 같은데 그런 몸을 가지고 어떻게 숲에서 살아갈 수 있겠니"라고 하자 버드나무가 "힘이란 자랑하는 것이 아니야, 봄내지 말고 겸손하게 살아야 하는 거야"라고 대답했다.
>
> 마침 그때 거센 바람이 불기 시작했다. 버드나무는 바람 따라 이리저리 휘어지면서 잘 견디고 있었다. 그러나 참나무는 버드나무를 비웃으며 보란 듯이 뻣뻣하게 몸을 세웠다. 그때였다. 갑자기 세찬 바람이 불어와서 꼿꼿한 참나무를 두 동강 내고 말았다. 그러나 버드나무는 모진 바람에도 바람 따라 순종하며 참고 견디어 냈다.

- 교만은 자기를 중심에 두는 것으로 인간관계에 벽을 쌓는 것이다.
- 교만하지 않고 겸손하려고 노력해야 한다.

좋은 인간관계를 만듦

- 사람은 누구나 교만한 자를 싫어하고 겸손한 자를 좋아한다.
- 겸손한 사람이 하는 일은 공감하지만 교만한 사람이 하는 일은 다른 사람들이 인정하지 않으므로 과시나 과장을 하지 말아야 한다.

5 예절과 용모

용모의 의미

- 복장, 동작, 표정, 얼굴, 말투와 머리 모양 등 예절의 표현이다.
- 상대방과 공동체 구성원에 대한 예의이다.
- 그 사람의 됨됨이를 나타낸다.
- 교복은 깔끔하고 단정하게 입고 속옷도 깨끗하게 입어야 한다.
- 산뜻하고 활력 넘치는 모습을 보여야 한다..

깔끔한 용모

- 보기 좋고 세련된 용모는 상대방에 대한 예절이다.
- 적절한 동작이 생활화되고 습관화 되어야 한다.
- 올바른 자세로 일어서고, 걷고, 앉아야 한다.
- 표정은 마음을 얼굴에 나타내는 것이므로 밝은 표정을 지어야 한다.
- 손과 손톱, 입안 등을 항상 청결하게 해야 한다.

실천하기

- 정중한 태도를 유지하면서 상냥하고 친절하게 행동한다.
- 가족, 친구, 이웃 등 가까운 사이일수록 예절에 더욱 신경을 쓴다.
- 언어 예절, 전화 예절, 식사 예절, 사이버 공간에서의 예절을 지킨다.
- 재능을 뽐내거나 자기과시를 하지 않는다.
- 잘못을 저질렀을 때는 진정한 마음으로 사과한다.
- 신체와 옷차림을 청결하게 한다.
- 때와 장소에 알맞은 옷차림을 한다.
- 밝은 표정을 하고 세련된 동작과 올바른 걸음걸이를 한다.
- 양말을 흘러내리지 않게 한다.
- 신발을 구기지 않고 신발 끈을 제대로 맨다.

토론하기

- 친구 사이에 지켜야 할 예절은 무엇일까?
- 겸손함과 인간관계에는 어떤 상관관계가 있을까?
- 댓글을 쓸 때 지켜야 할 예절에는 어떤 것이 있을까?
- 용모를 단정히 하기 위해 어떻게 해야 할까?

편지

예절이 인생을 결정한다

너는 예의 바른 사람이라고 생각하니? 네가 길을 가다가 길을 물었을 때 친절하게 안내를 받으면 어떤 기분이 드니? 반면에 상대방이 예의에 어긋난 행동을 할 때 어떤 기분이 드니? 인간관계에서 지켜야 할 예의에는 어떤 것이 있다고 생각하니?

요즈음 인성교육이라는 말을 많이 들을 거야. 바로 인성교육은 올바른 태도를 기르는 것이지. 인생에서 실력을 갖추는 것도 중요하지만, 태도가 뒷받침되지 않으면 건방지다는 소리를 들으면서 인간관계에서 소외되기 십상이야.

'세 살 버릇이 여든까지 간다'라는 속담이 있어. 네 인생에서 가장 젊을 때인 지금부터라도 올바른 태도를 몸에 배게 하여 습관화해야 해. 그래야 예의 바른 사람이라는 평판을 들으면서 꿈을 이루는 데 큰 도움이 될 거야.

너는 혼자서는 존재할 수 없으며 서로의 관계 속에서 살아가야 해. 사회학 이론에 '상징적 상호작용론'이 있는데 사람은 사회에서 상호작용의 관계 속에 존재한다는 거야. 일상 속에서 상대방의 행동에 대해 어떠한 행동을 취해야 하는지 생각한다는 것이지. 좋은 태도는 좋은 관계를 맺게 하고 발전시키므로 상대방과 접촉할 때 좋은 태도인 예의가 중요한 거야.

예의란 상대방에 대한 행동 양식으로 정중함과 상냥함이야. 상대방의 마음으로 들어갈 수 있는 출입증으로 인간관계를 부드럽고 편안하게 만들어주지. 예의는 인격을 외적으로 드러내는 것으로 그 사람을 측정하는 중요한 잣대야.

대개 사람과의 관계에서 꿈이 이루어지므로 인간관계에서 호감을 느끼게 하는 예의는 반드시 갖추어야 할 덕목이야. 상대방의 마음을 얻는 일이 거창하고 어려운 일이 아닐 수도 있어. 예의는 평소의 습관이 쌓여 만들어지므로 좋은 태도를 훈련하여 예의 바른 사람이라는 말을 듣도록 해야겠지. 예의를 갖추기 위해서는 인사를 잘하고 친절하며 상대방에 대한 배려와 자신을 낮추는 겸손함을 기본적으로 갖추어야 한단다.

인사는 단순한 형식이 아니라 상대방이 네게 호감을 가지도록 하는 가장 쉬운 방법이야. 상대방에 대한 인정이자 존중의 표현이지. 인사를 건성으로 하거나 심지어 말로만 하는 경우가 많은데 인사는 정중하게 행동으로 하는 것이 좋아. 청소년인 너는 인사를 받기보다는 인사를 하는 경우가 많은데 바른 인사법을 배워 실천하는 습관을 길들여야겠지. 등교할 때와 집으로 돌아와서 부모님에게 올바르게 인사하는 것으로 습관을 들이면 좋을 것 같아.

친절은 아무리 강조해도 지나치지 않아. 친절한 것과 비굴한 것과는 달라. 친절을 베푸는 사람은 그만큼의 친절을 되돌려 받게 되지. 네가 친절한데 상대방이 화를 내거나 불친절할 수 있겠어? 친절은 말과 표정과 행동이 중요해. 친절하고 상냥한 말과 밝게 웃는 표정과 정중한 행동을 습관화한다면 좋은 친구들이 많아지면서 학교생활도 즐겁게 할 수 있어. 친절한 말 한마디가 좋은 인간관계를 만드는 데 결정적인 역할을 할 수도 있는 거야.

배려는 인간만이 나눌 수 있는 아름다운 미덕으로 너보다 상대방을 먼저 생각하는 마음이야. 배려는 반드시 해야 할 의무를 지닌 것이 아니지만 좋은 마음 씀씀이지. 인간이란 원래 조그마한 것에 감동하기 마련이므로 사소한 배려가 상대방에게 감동을 줄 수 있어. 상대방을 위한 조그마한 행동이라도 베푸는 습관이 곧 배려하는 마음을 가진 인격자로 만들 수 있을 거야.

겸손은 교만의 반대편에 선 미덕으로 너를 낮추고 상대방을 높이는 거야. 인간은 누구나 교만해지기 쉬운 존재이므로 겸손하려고 노력해야 해. 겸손은 상대방의 마음의 문을 열게 하는 고상한 예의이며 삶의 지혜야. "벼는 익을수록 머리를 숙인다"는 말이 있듯이 네가 인격적으로 성숙해지려면 겸손해야 하는 거야. 겸손은 너를 낮추는 것이 아니라 너를 세우는 것이야. 용기와 힘을 함께 갖춘 사람은 절대 교만하지 않아.

예절이 너의 앞으로의 인생을 결정지을 수 있음을 명심하길 바라면서 이만 글을 맺고자 한다.

◉ 예절은 다른 사람을 공경하는 마음가짐으로 말과 행동과 몸가짐으로 표현한다.

◉ 상대방은 예절을 통해서 사람의 인격을 평가한다.

◉ 인간은 사회적 존재로 공동체에서 더불어 살아가야 하므로 예절을 지켜야 한다.

◉ 예의는 인간관계를 부드럽고 편안하게 만들어준다.

◉ 예의 바른 사람이 되기 위해 공손하게 말하고, 겸손하게 행동하고, 단정한 몸가짐을 하는 습관을 기른다.

◉ 사이버 공간에서 상대방의 수치심을 불러일으키거나 인권을 침해하는 행위를 하지 않는다.

◉ 교만하지 않고 겸손해야 한다.

◉ 겸손하면 좋은 인간관계를 만든다.

◉ 용모는 복장, 동작, 표정, 얼굴, 말투와 머리 모양 등 예절의 표현이다.

◉ 용모는 그 사람의 됨됨이를 나타낸다.

◉ 보기 좋고 세련된 용모는 상대방에 대한 예절이다.

확인하기

1 다음 중에서 예절의 의미가 아닌 것은 무엇인가요?

　① 예절 발휘는 일방적으로 하는 것이다.
　② 자신을 억제하고 상대방에게 맞추려고 하는 분별과 양식 있는 행위이다.
　③ 공동체에서 오랫동안 형성된 행위 양식이나 생활 방식이다.
　④ 상대방은 예절을 통해서 사람의 인격을 평가한다.

2 다음 중에서 설명이 틀린 것은 무엇인가요?

　① 예의 바른 사람이 되는 가장 기본적인 행동은 인사이다.
　② 직접 얼굴을 대하지 않는 사이버 예절은 지키지 않아도 된다.
　③ 겸손하면 많은 사람을 포용할 수 있고 인간관계가 좋아진다.
　④ 보기 좋고 세련된 용모는 상대방에 대한 예절이다.

3 문장을 읽고 O·X를 표시 하세요.

　가족이나 친구 등 가까운 사람에게도 예절을 지켜야 한다. (　　)

4 빈칸에 적절한 단어를 기입하세요.

　겸손의 반대되는 개념은 (　　　　)이다.

5 사이버 공간을 통해서 얻을 수 있는 생활의 편리함에는 어떤 것이 있나요?

　---

6 겸손은 어떤 의미가 있는지 서술하시오.

　---

7 왜 단정한 용모를 해야 하는지 적어 보세요.

정답 1. ① 2. ② 3. O 4. 교만 5~7. 각자 정답

2 효(孝)

🔲 학습목표 • 효도의 의미와 가치를 이해하고 실천방법을 열거할 수 있다.
　　　　　• 가족과 가정의 중요성을 이해하고 나의 역할을 인식할 수 있다.

1 ⌒ 효란 무엇인가

🎤 이분이 제 아빠예요

• 딸은 아버지에 대한 마음이 어떻게 변했을까?

계주
같은 편을 이룬 네 명의 선수가 일정한 구간을 나누어 맡아 차례로 배턴을 주고받으면서 달리는 육상 경기

　　운동회 날이었다. 다른 아이들은 부모와 함께 가는데 딸은 혼자였다. 교통사고로 엄마는 돌아가시고 아빠는 그 후유증으로 휠체어에 의지하고 있었기 때문이었다.

　　딸은 자기 반에서 달리기를 가장 잘했다. 남자아이들 보다 빨랐기 때문에 계주 경기에 출전하도록 되어 있었지만 나갈 수 없었다. 계주 경기는 가족과 함께 나가야 하는 것이었다. 딸은 너무 속상해 했다. "영희야, 내가 가서 운동회 구경할 테니 속상해 하지 마라." 딸은 장애인 아빠를 둔 것이 창피했기 때문에 아무에게도 말하지 않았다. 그런데 아빠가 운동회에 와서 구경한다는 것이었다. "됐어요. 나는 그냥 혼자 갈래요. 내 일에 신경 쓰지 마세요." 딸은 큰소리를 지르고 도망치듯 나와 버렸다.

　　드디어 운동회가 시작되었다. 우울했던 딸의 마음은 공을 차고 던지는 사이에 풀어졌다. 그러나 계주 경기 차례가 되자 다시 우울해졌다. 딸은 몹시 속상해 있다가 잠시 후 깜짝 놀랐다. 아빠의 얼굴을 본 것이다. 이런 와중에 반갑기보다는 짜증이 났다. 아빠는 학교에 들어오지 않고 운동장이 내려다보이는 학교 바로 옆 건물 옥상에 있었다. 딸은 아이들이 알면 어쩌나 하고 두근거리는 가슴을 진정시키면서 속으로 아빠를 원망했다.

그래도 운이 좋았다. "영희를 계주 경기에 꼭 넣어야 해요, 영희가 우리 반에서 제일 잘 달려요." 아이들이 이구동성으로 선생님께 말했다. 그래서 딸은 계주 선수로 뽑혀 달릴 수 있게 되었다. 딸과 함께 뛸 사람은 친구 아버지였다. 계주 경기가 시작되었고 딸은 자기 반 마지막 주자였다. 딸의 반 선수들은 잘 달렸다. 그러나 선두에서 밀려 2등으로 뒤쳐지면서 사이가 점점 벌어지고 있었다.

'제발 반 바퀴만 뒤져라. 그러면 내가 마지막 바퀴에서 따라 잡을 수 있어…' 딸이 마음속으로 생각하면서 초조하게 차례를 기다리고 있는데 갑자기 1등으로 달리던 다른 반 아이가 넘어졌다. 그 때 2등으로 달리던 친구 아버지는 넘어진 아이에게 다가가 아이를 일으켜 세워 주었다. 무릎을 털어 주면서 등까지 두들겨 주었다. 그사이 3등과 4등은 쏜살같이 두 사람을 제치고 달렸다. 사람들은 그 광경을 보고 모두 박수를 치면서 환호했다. "영희 아빠 파이팅" 모두들 친구 아빠를 영희의 친 아빠로 알고 있었던 것이다.

딸은 얼굴이 화끈거렸다. 뭔가 모르는 것이 가슴에 치밀어 오르는 것을 느꼈다. 넘어진 아이를 일으켜 세우느라 늦게 들어온 친구 아버지의 *배턴을 이어받은 딸은 교문 쪽을 향해 달렸다. 이 모습은 본 사람들이 웅성거리기 시작했다. 교문을 지나 아빠가 있는 옥상으로 올라갔다. 아빠는 숨이 차서 헉헉되는 딸을 보고 깜짝 놀랐다. 휠체어에 앉아 있는 아빠의 모습을 본 순간 딸은 목이 메었다. 재빨리 휠체어를 밀고 가서 엘리베이터를 탔다. 내려오는 동안 아빠와 딸은 아무 말이 없었다. 딸은 건물 밖으로 나와 잡고 있던 휠체어 손잡이에 힘을 주었다.

"아빠, 우리 함께 달리는 거예요." 딸은 휠체어를 밀면서 힘껏 달렸다. 교문을 지나 운동장으로 들어서자 아빠와 딸을 본 사람들이 일어나 박수를 쳤다. 딸은 아빠의 휠체어를 밀면서 계속 달려 결승 지점에 골인했다. 물론 꼴찌였다. 딸은 휠체어를 본부석을 향해 세우고 아빠 옆에서서 운동장이 떠나도록 외쳤다. "이 분이 제 아빠예요." 사람들의 박수와 환호가 울려 퍼졌다. "영희 아빠 파이팅!" 아빠가 딸의 어깨에 손을 올려 감싸 안았다.

배턴(baton)
릴레이 경주에서, 주자들이 자기 팀의 다음 주자에게 넘겨주는 둥글고 단단한 막대기

효(孝)
'효(孝)' 자는 늙을 '노(老)'에 아들 '자(子)'가 합쳐진 글자로 자식이 나이든 부모를 모신다는 의미임.

효의 의미

● 부모님의 뜻을 존중하고 몸과 마음을 편안하게 해 드리는 것이다.

● 부모님 은혜에 감사하면서 섬기고 공경하는 것이다.

● 나의 본분을 다해 부모님을 기쁘게 하는 것이다.

● 부모님을 사랑하면서 자랑스럽게 생각하는 것이다.

● 부모님 말씀을 잘 따르는 것이다.

왜 효도해야 하나

● 나를 낳고 길러주시기 때문이다.

● 나를 사랑하시기 때문이다.

● 나를 위해 정성을 다하시고 헌신적이시기 때문이다.

효도하는 자세

사자소학
모든 구절이 넉자로 정리되어 옛 선조들이 서당에서 공부할 때 처음 배우던 책. 생활규범과 어른을 공경하는 법 등 구체적으로 표현하고 있음.

 ≪사자소학≫ 중에서

• 조상들의 효도 방법과 오늘날의 효도 방법을 비교해 보자.

> – 부모님께서 부르시면 빨리 대답하고 달려 나간다.
> – 부모님께서 나가고 들어오실 때는 반드시 일어난다.
> – 옷이 비록 좋은 것이 아니더라고 주시면 고맙게 입는다.
> – 밖에 나갈 때는 반드시 허락을 받고, 돌아오면 말씀드린다.
> – 부모님께서 주시는 음식은 감사하는 마음으로 맛있게 먹는다.
> – 부모님께서 일을 시키시면 싫다고 하거나 게을리 하지 않는다.

● 물질적 봉양뿐만 아니라 부모님을 공경하고 정성을 다하는 마음을 가져야 한다.

- 부모님을 정신적·육체적으로 편안하게 해 드린다.
- 미소와 공손한 말씨와 따뜻한 손길을 내밀어야 한다.
- 자녀가 본분을 다해 부모님이 자식을 자랑스럽게 생각하게 한다.
- 자녀가 몸과 마음을 건강하게 하고 올바른 태도로 생활한다.
- 학교나 가정에서의 역할에 최선을 다한다.
- 집안 청소 도우기 등 일상생활에서 작은 일부터 실천해 나간다.

2 효도와 가족

🎤 상반되는 두 가족

· 두 가족은 가족을 대하는 태도에 있어서 어떻게 다를까?

　　같은 마을에 살면서도 가정의 분위기가 상반되는 두 가족이 있었다. 한 가족은 서로 의지하고 협력하면서 오순도순 행복하게 살아가는데 반해, 다른 한 가족은 하루가 멀다 하고 가족끼리 아옹다옹 다투며 살았다.

　　하루는 늘 다투는 가족이 이대로는 안 되겠다고 생각했던지 다정한 가족을 본받기 위해 그 집을 방문하여 "우리는 가족끼리 다투는데, 어떻게 하면 이 집처럼 웃음이 가득한 행복한 가정이 될 수 있습니까"라고 묻자 "글쎄요, 우리는 평생 다툴 일이 없는데요"라는 대답을 들었다.

　　이때 마침 행복한 가정의 딸이 방문한 손님들을 대접하기 위해 차를 내오다가 그만 접시를 깨뜨리고 말았다. "어머, 죄송해요. 제가 조심하지 못해서 이런 일이 일어났어요." 옆에서 지켜보고 있던 엄마가 접시 조각을 주워 담으며 말했다. "괜찮아. 이 엄마가 하필이면 그런 곳에 접시를 둔 탓이야." 그 말을 들은 아버지가 말했다. "아니요, 내가 그만 제자리에 둔다는 걸 깜박 잊어버렸소. 미안하오."

늘 다투는 집의 가족들은 그들의 대화를 듣고는 뭔가 깨달은 듯이 고개를 끄덕이며 조용히 일어나면서 말했다. "정말 행복은 가까이 있었군요. 우리는 그동안 나 자신보다는 상대방의 탓만 하고 지냈습니다. 하지만 이제부터는 그런 일이 없을 겁니다. 우리도 사랑이 무엇인지 알게 되었으니까요."

가족의 의미

드가 〈펠레리 가족〉

- 효는 가족을 사랑으로 묶는 밧줄과 같은 것이다.
- 가족은 기쁠 때나 슬플 때나 함께하는 사람들이다.
- 가족이 화목하게 지내면 구성원이 행복하지만 그렇지 않으면 많은 어려움을 겪게 된다.
- 가족 간에 자신의 위치를 인식하고 의무를 다해야 한다.

● 가족은 소중한 존재이며 삶의 큰 의미 중 하나가 바로 '가족을 위해'이다.
● 가족의 의미는 단순한 사랑이 아니라 세상을 살아가는 힘과 정신적인 안정감의 원천이다.

가족(Family)이란 단어

'아버지, 어머니, 나는 그대를 사랑합니다. (Father, Mother, I love you).'라는 문장에서 각 단어의 첫 글자를 합성한 것이다.

가족 사랑하기

● 가족과 화목하게 지내는 것은 생활 속에 일어나는 작은 일에서부터 시작해야 한다.
● 말 한마디나 사소한 행동에서 기쁠 수도 있고 화가 날 수도 있으므로 "사랑한다. 고맙다. 미안하다"는 말을 적극적으로 자주 한다.
● 가족의 꿈, 희망, 행복과 건강, 일, 취미 등에 관심을 가진다.
● 시간을 내어 함께 하고, 대화하고, 하는 일을 서로 도우면서 가족의 화목을 위해 최선을 다한다.
● 가족 간에는 작은 일로 다툼이 생기기도 한다. 특히 형제자매 간에는 자랄 때 작은 다툼이 많으므로 형제자매 간에 정답게 지내도록 노력한다.

3 효도와 가정

🎙 페스탈로치 어록

> 이 세상에는 여러 가지 기쁨이 있지만, 그중 가장 빛나는 기쁨은 가정의 웃음이다.

페스탈로치(Pestalozzi, 1746~1827)
스위스의 교육학자.

🎙 아버지와의 대화

• 왜 아들은 아버지가 어머니를 사랑하시는 게 가장 좋다고 했을까?

> 한 아버지가 아들과 대화를 나누었다. 아버지가 아들에게 "아버지인 나의 어떤 면이 가장 좋다고 생각하니" 하고 묻자 아들은 "아버지가 어머니를 사랑하시는 게 가장 좋고 존경스러워요"라고 대답했다.
> 그 말을 들은 아버지는 "부부가 사랑하는 건 당연한데 왜 그것이 가장 좋다고 생각하니"라고 하자 아들은 "부부가 서로 사랑하지 않으면서 살아가는 사람도 많잖아요. 아버지가 어머니를 사랑하기 때문에 어머니가 행복해하시면서 받은 사랑을 우리 자식들에게 베푸니 우리 가족이 화목하고 행복한 가정을 이루고 있다고 생각해요. 서로를 아끼고 사랑하는 부모님이 너무나도 존경스러워요"라고 했다.

가정의 의미

● 가정은 부모님과 자식이 사랑의 관계로 맺어진 곳으로 효도가 이루어지는 장소이다.

● 가정의 모습은 다양하다. 어떤 모습의 가족이든지 화목한 가정을 만들기 위해 노력해야 한다.

● 가정은 따뜻함과 편안함을 제공하는 곳이다. 자식이 홀로 설 수 있을 때까지 부모님이 키워주고 보살펴주는 장소이다.

● 자식이 배우고 익히는 교육의 장으로서 인격 형성의 모태이며 시초가 되는 곳이다.

 에디슨 어머니

• 에디슨의 어머니는 에디슨을 어떻게 교육했을까?

낸시 에디슨 (Nancy Edison, 1808~1871) 에디슨의 어머니.

발명왕 에디슨의 뒤에는 현명한 어머니 낸시가 있었다. 에디슨은 어려서부터 지식욕이 왕성하고 탐구 정신이 강했다. 그는 어머니에게 귀찮을 정도로 묻고 또 물었다. 이 세상의 모든 것이 그에게는 풀고 싶은 수수께끼였다. 어머니는 자기 아들이 비범한 소질과 재능을 가졌다는 것을 간파했다. 그녀는 아들이 위대한 과학자나 발명가가 되리라고 믿었다. 에디슨의 어머니는 그가 아는 데까지 어린 아들의 왕성한 질문에 일일이 대답하였다.

에디슨의 어머니는 결혼 전에 초등학교 교사였다. 그녀는 어린애들을 다루고 가르친 경험이 있었기 때문에 어린 아들의 스승이 되기에 충분했다. 에디슨은 초등학교에 입학했다. 그는 담임선생님에게 쉴 새 없이 질문을 던졌다. 묻고 또 물었다. 담임선생님은 귀찮아했다. 또 에디슨의 끊임없는 질문에 만족스러운 대답을 하지 못했다. 담임선생님은 에디슨을 바보라고 생각했다.

학교에 입학한지 3개월이 지날 무렵, 아직 아침나절인데도 에디슨이 학교에서 집으로 돌아왔다. 어머니는 근심에 찬 얼굴을 지으며 물었다.

"왜 그러냐? 어디 아픈 데라도 있니?"

"나 이젠 학교에 가지 않겠어요. 선생님이 저더러 '네 머리는 썩었다'고 하시는 걸요."

"뭐라고? 머리가 썩었다고! 정말 그렇게 말씀하셨니?"

"예, 그러면서 저더러 바보래요."

그러면서 에디슨은 편지 한 통을 내밀었다. 담임선생님이 어머니에게 보낸 편지였다. '에디슨은 너무 저능아가 되어서 도저히 가르칠 수 없습니다.' 에디슨의 어머니는 담임 선생을 찾아가서 항의했다. "내 아들은 바보가 아닙니다. 아마 천재일지도 모릅니다. 머리가 썩은 것은 선생님입니다. 언제나 채찍을 들고 때리면서 겁을 주고 있으니 아이들이 기를 펼 수 없지 않습니까? 말하고 싶은 것이 있어도 하지를 못합니다. 좋습니다! 선생님이 내 아들을 못 가르치겠다면 내가 가르치겠습니다.."

이렇게 하여 에디슨은 입학한 지 3개월 만에 저능아라고 퇴학을 당했다. 퇴학한 후부터 어머니는 ≪로마 흥망사≫나 ≪영국사≫ 등 고전을 읽게 하고 직접 그를 가르쳤다. 집의 지하실에는 실험실까지 만들어 주었다. 에디슨은 일생동안에 정규 교육은 초등학교 3개월밖에 받지 못했다. 하지만 어머니는 자기 아들의 천재성을 발견하고 키워주기 위하여 온갖 노력을 다하였다.

발명왕 에디슨, 그는 전등을 발명하여 온 인류에게 밝은 빛을 주었다. 전신기를 발명하여 모든 사람에게 한없는 편리함을 주었다. 영사기를 발명하여 온 인류에게 무한한 즐거움을 주었다. 축음기를 발명하여 모든 사람에게 한없는 기쁨을 주었다. 그는 일생동안 1,300여종의 특허를 얻은 현대 문명의 아버지다.

그는 1931년 10월 18일 84세로 별세하였다. 그의 장례식에서 미국 대통령 후버는 전 미국인에게 1분 동안 전기를 끄고 그에게 애도의 뜻을 표하도록 했다.

가정의 역할

- 행복한 가정이야말로 최고의 학교이다.
- 사랑이 가득 넘치는 가족보다 더 위대한 교사는 없다.
- 가정에서 어릴 적 받은 본보기와 생각은 성장할수록 점점 영향력이 확대된다.
- 가정은 생명의 산실이며 행복의 원천이다.
- 가정은 구성원 간의 헌신이 없이는 영위되지 못한다.

행복한 가정의 자녀들의 기본자세

- 부모님께 걱정을 끼쳐 드리지 않는다.
- 항상 부모님을 존경하고 사랑한다.
- 형제자매와 사이좋게 지내며 도와준다.
- 가족을 위하여 착한 일을 스스로 실천한다.

실천하기

- 바른 마음을 가지고 바르게 행동하면서 올바르게 성장한다.
- 부모님의 건강에 관심을 가지고 돌본다.
- 형제자매 간에 우애 있게 지내어 부모님을 기쁘게 한다.
- 부모님과 상의해야 할 일은 상의하고 평소에 가능한 한 많은 대화를 한다.
- 부모님의 의견을 존중하고 다를 때는 부드러운 말씨로 잘 말씀드리고 이해시킨다.
- 부모님의 취미와 좋아하는 일과 음식을 안다.
- 부모님 생일과 결혼기념일을 축하한다.
- 부모님을 슬프게 하고 부끄러워할 일을 저지르지 않는다.
- 자녀는 부모님의 헌신에 감사하며 경륜을 존중한다.
- 가족 간에 가벼운 스킨십의 빈도를 높인다.
- 문제가 생기면 온 가족이 함께 의견을 나눈다.
- 가족 간에 고마움을 자주 표현한다.

 토론하기

- 자식으로서 부모님에게 효를 어떻게 실천해야 할까?
- 가족에 대한 의무는 무엇이라고 생각하는가?

편지

네게 가족은 어떤 존재이니

네가 어렸을 때에는 아버지가 이 세상에서 가장 강한 사람인 줄 알았을 거야. 아버지의 어깨는 산처럼 높아 보이고, 험한 길을 걸어가도 두려움이 없으며 고민은 없고 울지 않는 줄 알았겠지. 하지만 때로는 약하고 지쳐서 울고 싶지만 울 장소가 없기에 슬픈 사람이야.

아버지는 가족을 자신의 수레에 태워 묵묵히 끌고 가는 말과 같은 존재야. 아버지가 출근하는 직장은 즐거운 일만 있는 곳은 아니야. 가족의 행복이 자신에게 달려있다는 무거운 책임감으로 때로는 힘들지만 참으면서 일하는 거지.

아버지는 가장으로서 '내가 아버지 노릇을 제대로 하고 있나? 내가 정말 아버지다운가?' 하는 자문을 스스로 하는 사람이야. 자식은 남의 아버지와 비교하면서 아버지의 수입이 적은 것이나, 아버지의 지위가 높지 못한 것에 대해 불만을 할 수 있지만, 아버지는 그런 마음에 속으로만 울지.

아버지가 기대한 만큼 아들딸의 학교 성적이 좋지 않을 때 겉으로는 "괜찮아, 괜찮아" 하지만 속으로는 매우 안타까워하는 사람이야. 아버지가 때로는 무관심한 것처럼 보이는 것은 제대로 뒷바라지 못 해준 것에 대한 자존심 상함과 미안함 때문이지.

아버지는 자식의 힘이고 자식은 아버지의 힘이야. 자식은 아버지의 그늘에서 아버지의 사랑을 먹으면서 성장하지. 성공한 아버지만이 아버지가 아니라 아버지는 있는 그대로의 아버지이기에 가슴에 하나의 뜨거움으로 다가오는 존재이지.

'어머니'란 이름은 영원한 그리움이야. 어머니는 영원한 향수를 느끼게 하는 마음의 고향이며 안식처이자 피난처이지. "여자는 약하지만, 어머니는 강하다"는 말이 있어. 약한 여자를 강하게 만드는 것은 모성의 정신이지. 그것은 바로 자식에 대해 깊은 사랑의 모성애가 본능에 따라 출렁이기 때문이야.

아마도 네가 가장 기쁠 때, 가장 슬플 때, 가장 위험할 때 마음 깊이 깔린 근원적인 소리인 "어머니"를 외칠 거야. 어머니라는 낱말에는 인간의 온갖 아름다운 가치가 포함된 정신의 저수지이지. 어머니는 네가 만난 최초의 학교이자 스승이었어. 어머니의 무릎은 네 학교였으며 말은 교과서였으며 표정은 정신적인 영양소였지. 어머니의 사랑 그 자체보다 더 위대한 교사는 없어.

어머니는 네가 사춘기에 접어들면서 서서히 자아를 내세우고 나설 때 대견스럽기도 하지만 한편으로는 서운함을 느끼기도 하는 두 갈래 마음을 가지고 있어. 기르는 역할에서 지켜보는 자리로 물러설 수밖에 없을 때 느끼는 일종의 안타까움이지. 하지만 어머니의 소원은 네가 성장하여 꿈을 이루고 자아를 실현하는 거야.

어머니는 네 과거와 현재와 미래를 통한 영혼의 가장 깊은 자리에 있는 샘물과 같은 존재야. 네게 뭉클함과 포근함으로 다가오는 이름이지. '신은 모든 곳에 있을 수 없기에 어머니를 만들었다'는 말이 있듯이 어머니는 네가 풍덩 빠져 헤엄칠 수 있는 평온하고 안온한 바다야.

형제자매란 핏줄의 운명이야. 혈연관계로 맺어진 숙명적 공동체이지. 형제자매의 사랑은 부모의 핏줄을 나눈 사랑이야. 그래서 피는 물보다 진하다는 말을 하는 거지. 필요할 때 만나 시간을 나누는 친구와 달리, 형제자매는 원하건 원하지 않건 함께 성장하면서 많은 시간을 공유해야 하는 존재야.

형제자매는 친숙한 관계이면서도 때로는 싸울 때도 있고, 귀찮을 때도 있고, 미울 때도 있지. 형제자매란 가까이 있기 때문에 친밀해질 가능성이 높지만, 일상을 같이 하거나 했다는 것이 언제나 끈끈한 우애로 유지되거나 남는 건 아니야. 한 핏줄에서 태어났지만, 성격이나 재능이 다르므로 차이를 인정하고 서로 존중해 주어야 해.

형제자매는 삶과 운명의 한 부분이지만 종종 무관심하거나 소홀할 수가 있어. 가족이란 이름으로 묶여 있지만, 부모와 자식의 관계처럼 일방적인 사랑과 헌신을 전제하지 않기 때문이지. 하지만 무관심하다가도 위험에 처하면 가장 먼저 생각나는 사람이 형제자매야. 형제자매란 울타리 안에서 싸우다가도 밖에선 업신여김을 함께 막는 사이야. 혈연공동체는 조건 없이 있는 그대로를 용납하고 이해하는 관계이지.

가족은 '힘'의 원천으로 무조건 '편'이 되어주는 사람이야. 네가 몸이 아프거나, 남으로부터 상처를 받거나, 어려운 일이 닥치면 가족이 커다란 의지가 되고 용기의 샘물이 되는 거지.

행복한 보금자리는 그저 되는 것이 아니라 구성원인 가족들이 스스로 노력하여 만들어 가는 거야. 너는 가족의 일원으로서 행복한 가족을 만드는 데 노력해야 해. 네가 가족들에게 하고 있고 할 수 있는 일이 무엇인지 생각해 봐. 너는 가족에 대하여 마음을 표현하는데 인색하지는 않니? 말이나 문자메시지로 마음을 전하고 때로는 등 뒤에서 살짝 포옹하는 거야. 그러면 형용할 수 없는 기쁨이 서로의 가슴에 물결칠 거야. 그다지 어려운 일이 아니겠지?

가족은 공기와 같다는 생각이 들어. 공기란 항상 함께 하므로 그 귀중함을 모른 채 지내지만, 오염된 대기를 마시거나 높은 산에 올라 공기가 부족하면 그 중요함을 새삼 느끼게 되지. 네가 공기를 의식하지 못하듯 가족이란 존재에 대해서도 그렇게 못 느끼는지 모르겠어.

한솥밥을 먹고 지내는 가족은 늘 가까이 있기에 소홀하게 대하는 경우가 많아. 그래서 가족이 떠나고 난 뒤에 때늦은 후회를 하지만 아무 소용이 없어.

인생에서 가장 오래 마지막까지 함께하는 사람은 가족이야. 가족이 언제까지 곁에 남아 줄지는 아무도 몰라. 오늘이 지나면 다시 못 볼지도 모르는 사람처럼 가족을 대해야겠지.

끝으로 가족이란 너의 일평생동안 가장 소중한 존재임을 다시 한 번 떠올리기를 바라면서 이만 줄인다.

- 윤문원 ≪길을 묻는 청소년≫ 중에서

정리하기

◉ 효는 부모님의 뜻을 존중하고 몸과 마음을 편안하게 해 드리는 것이다.

◉ 부모님께 물질적 봉양뿐만 아니라 공경하고 정성을 다하는 마음을 가져야 한다.

◉ 부모님을 사랑하면서 자랑스럽게 생각해야 한다.

◉ 부모가 자식을 자랑스럽게 생각할 수 있도록 자식은 본분을 다해야 한다.

◉ 가족은 세상을 살아가는 힘과 정신적인 안정감의 원천이다.

◉ 가족 간에 자신의 위치를 인식하고 의무를 다한다.

◉ 시간을 내어 가족과 함께 하고, 대화하고, 하는 일을 서로 도우면서 화목을 위해 최선을 다한다.

◉ 가정은 부모님과 자식이 사랑의 관계로 맺어진 곳이다.

◉ 가정은 구성원 간의 헌신이 없이는 영위되지 못한다.

◉ 가족을 위하여 착한 일을 스스로 실천한다.

◉ 아버지는 자식의 힘이고 자식은 아버지의 힘이다.

◉ 어머니는 영원한 향수를 느끼게 하는 마음의 고향이며 안식처이자 피난처이다.

◉ 어머니는 자식이 사춘기에 접어들면서 서서히 자아를 내세우고 나설 때 대견스럽기도 하지만 한편으로는 서운함을 느끼기도 하는 두 갈래 마음을 가지고 있다.

◉ 형제자매란 핏줄의 운명이며 혈연관계로 맺어진 숙명적 공동체이다.

◉ 가족은 '힘'의 원천으로 무조건 '편'이 되어주는 울타리이다.

확인하기

1 효(孝) 자가 의미하는 것은 무엇인지 적어 보세요.

_____

2 영어 가족(Family)이란 단어의 뜻을 적어 보세요.

_____

3 가족과 화목하게 지내는 실천 방법을 적어 보세요.

_____

4 화목한 가정을 만들기 위해 '효도 실천 다짐' 세 개를 적고 생활 속에서 실천해 보세요.

> (예시)
> 나는 부모님께 걱정을 끼쳐 드리지 않겠습니다.
> 나는 항상 부모님을 존경하고 사랑하겠습니다.
> 나는 형제자매와 사이좋게 지내겠습니다.
> 나는 우리 가족을 위하여 하루에 한 가지씩 착한 일을 하겠습니다.

_____

_____

5 별지에 부모님께 드리는 편지를 써 보세요.

정답 1. 늙을(老)에 아들 '자(子)'가 합쳐진 글자로 자식이 나이든 부모를 받드는 모습의 의미이다. 2. '아버지, 어머니, 나도 그대를 사랑합니다. (Father, Mother, I love you).'라는 문장에서 각 단어의 첫 글자를 딴 합성한 것이다. 3~5. 각자 작성

3 정직

🔲 **학습목표**
- 정직의 의미를 이해하고 실천 방법을 열거할 수 있다.
- 정직과 관련한 양심 발휘에 대해 이해할 수 있다.
- 정직과 양심 발휘를 통한 신뢰에 대해 설명할 수 있다.

1 ⌐ 정직이란 무엇인가

정직의 의미

- 마음이 바르고 곧은 것이다.
- 거짓이 없고 꾸밈이 없이 솔직한 것이다.
- 말과 행동이 일치하는 것이다.
- 사실대로 말하고 진실하게 행동하는 것이다.
- 자신과 남을 속이지 않는 것이다.

왜 정직해야 하나

- 인간으로서 정직한 것은 당연한 행위이기 때문이다.
- 거짓은 일종의 죄이며 비겁한 행위이기 때문이다.
- 거짓을 하면 탄로 날까 봐 불안에 떨게 되며 탄로 났을 때 상처를 입기 때문이다.

🎤 몽테뉴 어록

> 탐욕은 모든 것을 얻고자 과욕을 부리다가 도리어 모든 것을 잃게 한다.

몽테뉴(Montaigne, 1533~1592)
프랑스의 철학자·사상가. 역작 〈수상록〉이 있음.

70

🎙 거짓말의 결과

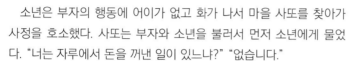

옛날에 부자가 길에서 돈 자루를 잃어버리고 돈을 찾아주는 사람에게 백 냥을 사례금으로 주겠다고 방을 붙였다.

며칠 후 한 소년이 돈 자루를 들고 부자에게 나타났다. 부자는 기뻐하면서도 백 냥이 아까운 표정을 지으면서 소년에게 말했다. "자루에 돈을 세어보니 백 냥이 모자라는데 네가 미리 사례금을 챙긴 모양이니 이제 그만 가 보아라."

소년은 부자의 행동에 어이가 없고 화가 나서 마을 사또를 찾아가 사정을 호소했다. 사또는 부자와 소년을 불러서 먼저 소년에게 물었다. "너는 자루에서 돈을 꺼낸 일이 있느냐?" "없습니다."

사또는 부자에게 물었다. "잃어버릴 때 돈 자루에는 얼마나 들어 있었나?" "육백 냥입니다." "소년으로부터 받을 때는 얼마나 있었느냐?" "오백 냥입니다."

그러자 사또는 이렇게 판결을 내렸다. "그럼 이 자루는 잃어버린 사람이 다른 사람인가 보구나! 돈 자루를 잃어버린 당신은 육백 냥이 들어 있는 자루를 다시 찾아보아라. 그리고 이 돈 자루는 진짜 주인이 나타날 때까지 이곳에서 보관하다가 한 달 동안 주인이 나타나지 않으면 절반은 어려운 사람들을 위해 사용할 것이고 나머지 절반은 이 소년에게 줄 것이다."

- 필요 이상의 것을 탐하다가 모든 걸 잃게 될 수도 있다.
- 지나친 욕심, 즉 탐욕은 사리분별을 어둡게 하고 일을 그르치게 된다. 마음을 비우고 욕심을 버리면 행복할 수 있다.

정직하면 어떻게 되나

- 자신과 남에게 떳떳하고 당당할 수 있다.
- 편안한 마음으로 행복할 수 있다.

- 상대방으로부터 신뢰를 얻어 인간관계를 돈독하게 한다.
- 꿈을 실현하는 데 도움이 된다.

《탈무드》 초판본의
첫 페이지

탈무드
BC 300년경 로마군에 의
해 예루살렘이 함락된 이
후부터 5세기까지 약
800년간 구전되어 온 유
대인들의 종교적, 도덕적,
법률적 생활에 관한 교훈
을 집대성한 책.

 《탈무드》 중에서

어느 날 한 어머니가 상점에서 외투 한 벌을 샀다. 집에 돌아와서 입
어보며 주머니에 손을 넣었는데, 놀랍게도 커다란 보석이 들어 있었
다. 순간적으로 어머니는 여러 생각이 들었다. '내가 산 옷에 보석이
들어있으니 내 것이야.' '내가 옷을 산 것이지 보석까지 산 것이 아니
니 주인에게 돌려주는 게 옳은 것이야.'
어머니는 현자를 찾아가서 어떻게 하면 좋겠는지 물었다. 현자는
어머니에게 말했다. "당신이 산 것은 외투이지 보석이 아니니 외투를
산 상점에 가서 돌려주어야 합니다. 돌려줄 때는 꼭 자녀를 데리고 가
십시오. 그리하면 보석을 돌려주는 것보다 훨씬 귀중한 정직을 자녀
에게 물려 줄 것입니다."

- 정직하면 눈앞의 주어진 재물을 잃고 손해 보는 것 같지만 마
음의 당당함, 자신에 대한 신뢰, 자녀, 주변 사람에 대한 본보
기 등 부당한 재물을 취득한 것보다 훨씬 값진 선물을 얻을 수
있다.
- 정직이 삶의 기본자세이며 최상의 정책이다.

2 정직을 발휘하는 양심

 에머슨 어록

> 사람은 혼자 있을 때 정직하다. 혼자 있을 때는 자기를 속이지 못한다. 그러나 남을 대할 때는 그를 속이려고 한다. 하지만 좀 더 깊이 생각하면, 그것은 남을 속이는 것이 아니고 자기 자신을 속인다는 것을 알아야 한다.

랠프 월도 에머슨
(Ralph Waldo
Emerson, 1803~1882)
미국의 시인이자 사상가.

양심의 의미

- 무엇이 옳은지 그른지를 말해주는 마음의 소리이다.
- 자신의 마음에 대해 스스로 도덕적으로 심판하는 재판관이다.
- 마음의 소리와 도덕적 심판을 통해 옳고 바른 것을 선택하는 마음이다.

왜 양심을 발휘해야 하나

- 올바른 삶을 살 수 있다.
- 자신과 남에게 부끄럽지 않고 당당할 수 있다.
- 인격을 발전시킬 수 있다.

 ≪명심보감≫ 중에서

> 불의로 취한 재물은 끓는 물에 뿌려지는 눈과 같고 뜻밖에 얻어진 논밭은 물살에 밀리는 모래와 같다.

명심보감
고려 때 어린이들의 학습을 위하여 중국 고전에 나온 선현들의 좋은 글을 편집하여 만든 책.

양심에 감동한 도둑

조선 시대에 가난했지만 청렴하기로 소문난 한 선비가 있었다. 어느 날 선비의 집에 도둑이 들어왔는데 집안이 워낙 가난해 훔쳐갈 것이 없다 보니 솥단지라도 떼어가겠다는 마음을 먹고 부엌으로 갔다.

그때 도둑이 들었음을 알게 된 선비의 부인은 도둑이 솥단지를 떼어가려 한다고 남편인 선비에게 알렸다. 그러자 선비는 "우리보다 힘든 사람이라 솥단지라도 떼어가려고 하는 것이니 그냥 둡시다"라고 태연하게 말했다. 도둑이 솥뚜껑을 열어 보니 밥을 해먹은 흔적이 없었다. 안타까운 마음에 도리어 솥단지 속에 엽전 다섯 냥을 넣어두고 나왔다.

다음 날 솥단지가 없어지기는커녕 돈이 들어 있는 것을 발견한 선비는 집 앞에 「우리 집 솥단지에 돈을 잃어버린 사람은 찾아가시오」라는 쪽지를 써 붙여 놓았다. 소문을 들은 도둑이 선비 집으로 찾아가 "남의 솥 안에 돈을 잃어버릴 사람이 어디 있겠습니까? 준 건데 왜 받지 않습니까?"라고 하자 선비가 "내 물건이 아닌데 어찌 갖겠는가" 하고 반문했다. 도둑이 꿇어 엎드리며 "용서해 주십시오. 소인이 어젯밤 솥을 훔치러 왔다가 가세가 딱한 것 같아서 놓고 갔습니다"라고 했다.

이후 도둑은 선비의 양심에 감복해 다시는 도둑질을 하지 않고 선비의 제자가 되어 평생 성실하게 살았다.

양심적인 행동은 어떤 행동인가

- 인간으로서 당연히 해야 하는 올바른 행동이다.
- 마음만 먹으면 할 수 있는 행동이다.
- 남이 보기 때문에 하는 행동이 아니라 자신 스스로 하는 행동이다.

3 정직으로 얻는 신뢰

 이순신 장군 전승 비결

이순신 장군은 임진왜란에서 23전 23승을 거뒀다. 최적의 전략과 전술로 승리할 수 있는 조건을 미리 만들어 놓고 싸웠기 때문이었다.

*칠천량 해전에서 조선 수군이 괴멸된 후 다시 수군통제사가 된 이순신 장군은 빈손이나 다름없었다. 하지만 피난민이나 패잔병들 그리고 노인들까지도 그를 도우려고 애썼다. 그들은 목숨을 걸고서 일치단결해 용감하게 싸웠다.

이순신 장군은 명량 대첩으로 유명한 울돌목에서 왜선에 맞서 싸우게 되었다. 비록 13척의 배로 전장에 나서야 했던 조선 수군이었지만 당당히 맞서 싸울 수 있었던 것은 묵묵히 그를 믿고 따라주었던 부하들과 백성들의 무한한 신뢰가 있었기 때문이었다. 그것이 23번의 전승을 만들어 낸 것이었다.

칠천량

칠천량(漆川梁)은 경상남도 거제시 하청면 실전리와, 거제도 서북부에 위치한 칠천도의 일부를 이루고 있는 하청면 어온리 사이의 해협을 말함.

이순신(李舜臣, 1545~1598)
조선의 명장. 시호 충무공(忠武公). 저서 ≪난중일기≫가 있음.

신뢰의 의미

- 자신이나 남에 대하여 좋은 감정을 가지는 것이다.
- 자신이나 남을 믿는 것이다.

신뢰의 종류

- 나에 대한 신뢰
- 남에 대한 신뢰
- 나와 남과의 서로에 대한 신뢰

신뢰와 인간관계

- 상호 신뢰가 있어야 한다.
- 신뢰는 좋은 인간관계의 원동력이다.
- 신뢰하는 사람에게 매력을 느낀다.

● 신뢰하는 사람의 말을 믿는다.
● 신뢰하는 사람의 주장을 지지하고 받아들인다.

신뢰와 공동체

● 신뢰하지 못하면 불신 사회가 된다.
● 건전한 사회는 신뢰가 바탕이 되는 사회이다.
● 신뢰는 공동체 구성원을 묶어주는 감정적 접착제이다.
● 신뢰가 없다면 건전한 사회가 될 수 없을 뿐만 아니라 지탱하기조차 어렵다.
● 불신 사회에서는 개인의 삶도 견뎌내기가 어렵다. 상호 신뢰가 없다면 믿을 수 있는 사람은 자신밖에 없어 고립할 수밖에 없기 때문이다.
● 낮은 신뢰 사회에서 높은 신뢰 사회로 나아가야 한다.

신뢰하는 방법

● 먼저 나를 신뢰해야 남을 신뢰할 수 있다.
● 나를 신뢰할만한 합리적인 자질을 갖춘다.
● 남을 신뢰하면 남도 나를 신뢰한다.
● 남에 대하여 이성적 판단을 거쳐 일단 믿는다.

신뢰할만한 사람이 되는 방법

● 바른 생각을 가지고 성실하게 살아야 한다.
● 진실성과 진정성을 가지고 정직해야 한다.
● 지키지 못할 약속은 아예 하지 않아야 한다.
● 거짓말은 절대로 하지 않는다.
● 독선과 아집을 부리지 않는다.
● 잘못했을 때에는 진정한 마음으로 솔직하게 사과한다.

실천하기

- 매사에 정직하기로 마음먹고 실천한다.
- 말과 행동을 일치시킨다.
- 거짓말이나 거짓 행동을 하지 않는다.
- 잘못을 저질렀을 때는 솔직히 시인한다.
- 양심에 거리끼는 행동을 하지 않는다.
- 행동을 투명하게 한다.
- 다른 사람을 속이거나 이용하지 않는다.
- 끊임없는 반성을 통해 양심을 유지하고 기른다.
- 다른 사람의 정직하고 양심적인 행동을 본받고 실천한다.
- 먼저 나 자신을 신뢰한다.
- 성실하고 정직한 자세로 도덕성을 갖춘다.

 토론하기

- 정직하려면 어떻게 해야 할까?
- 양심이 바른 행동에는 어떤 것이 있는가?
- 신뢰를 얻으려면 어떻게 해야 할까?

양심의 선을 넘으면 안 된다
〈레인메이커〉

영화 〈레인메이커〉는 거대 보험회사와 맞서 싸우는 양심을 가진 신출내기 변호사가 외로운 법정투쟁을 벌이는 이야기이다.

갓 변호사가 된 루디 베일러(맷 데이먼 분)는 백혈병 환자 도니(조니 휘트니스 분)로부터 대형 보험회사를 상대로 보험금 청구 소송을 위임받는다. 도니는 보험회사가 골수이식에 필요한 보험금 지급을 거절하는 바람에 집에서 죽을 날만 기다리고 있다. 보험회사는 노련한 중견 변호사 레오 드루먼드(존 보이트 분)를 내세운다.

첫 재판이 시작되기 전에 루디는 사무장의 도움으로 증거를 확보하고, 사건 당사자들의 증언을 채록하면서 많은 사실을 알게 된다. 보험회사는 상습적으로 보험가입자가 보험금을 청구하면 처음에는 무조건 거절하고, 일 년 동안 계속해서 거절한다는 것이다.

보험회사 측 변호사는 도청과 회유를 병행하면서 낮은 합의금을 제시하고 이에 동조하는 판사는 "재판 거리도 아니다."라며 노골적으로 보험회사 편을 들면서 재판 기각의 위협을 가하고 합의를 종용한다. 죽음을 앞둔 도니는 합의를 단호히 거부하고 법원에서 해야 할 증언을 영상으로 남긴다. 보험회사 편에 섰던 판사가 심장마비로 급사하고 민권 변호사 출신의 흑인 판사(대니 글로버 분)가 사건을 맡으면서 재판의 분위기는 급반전한다.

보험회사와의 재판에서 배심원들은 원고 승소를 평결하고 15만 달러의 실질적 손해배상에다 5천만 달러라는 천문학적인 액수의 징벌적 손해(Punitive Damage) 배상을 명한다.

루디는 자신이 수임한 첫 재판에서 거대한 공룡인 보험회사를 상대로 승소하여 언론의 조명을 받는다. 하지만 그는 계속 법조계에 머물러 있으면 수임이 밀려들어 많은 돈을 벌 수 있는 것이 분명한데도 자신의 이상주의를 현실에서 실천할 방법이 없음을 깨닫는다. 그는 변호사 생활을 그만두고 연인과 함께 멤피스를 떠나 이상주의의 원칙을 지킬 수 있는 미지의 영토로 향한다. 다음과 같은 말을 남기면서…

"어느 순간 한 번쯤 양심의 선을 넘을 수 있다. 그다음엔 계속 선을 넘을 것이며, 그러다 보면 더러운 물에 사는 상어가 될 것이다."

• "한 번의 양심의 선을 넘으면 계속 넘을 것이다"라는 말은 무슨 뜻일까?

정리하기

◉ 인간으로서 정직한 것은 당연한 행위이다.

◉ 정직하면 편안한 마음으로 행복할 수 있다.

◉ 정직하면 상대방으로부터 신뢰를 얻어 인간관계를 돈독하게 한다.

◉ 정직이 삶의 기본자세이며 최상의 정책이다.

◉ 양심은 무엇이 옳은지 그른지를 말해주는 마음의 소리이다.

◉ 양심은 자신의 마음에 대해 스스로 도덕적으로 심판하는 재판관이다.

◉ 양심을 발휘해야 자신과 남에게 부끄럽지 않고 당당할 수 있다.

◉ 양심적인 행동은 마음만 먹으면 할 수 있는 행동이다.

◉ 신뢰는 자신이나 남에 대하여 좋은 감정을 가지는 것이다.

◉ 신뢰에는 나에 대한 신뢰, 남에 대한 신뢰, 상호 신뢰가 있다.

◉ 먼저 자신을 신뢰해야 남을 신뢰할 수 있으며 그러면 남도 나를 신뢰하게 된다.

◉ 신뢰할만한 사람이 되기 위해서는 바른 생각을 가지고 정직하고 성실해야 한다.

◉ 독선과 아집을 부리지 않고 잘못했을 때에는 진정한 마음으로 솔직하게 사과한다.

1 왜 정직해야 하는지 서술하시오.

2 정직하면 어떻게 되는지 서술하시오.

3 양심적인 행동은 어떤 행동인지 서술하시오.

4 내가 한 양심에 가책이 되는 일을 한 가지 써 보세요.

5 빈칸에 적절한 단어를 기입하세요.

양심은 자신의 마음에 대해 스스로 도덕적으로 심판하는 (   )이다.

6 공동체에 신뢰가 없다면 어떤 일이 벌어질지 서술하시오.

 정답 1~4. 각자 작성 5. 재판관 6. 각자 작성

4 책임

학습목표
- 책임지는 자세와 책임감이 강한 사람이 되는 방법을 이해할 수 있다.
- 솔선수범하는 자세와 방법을 설명할 수 있다.
- 책임감과 관련된 의무, 성실, 질서와 준법, 환경보호를 설명할 수 있다.

1 책임지는 자세

 왕자와 목동

- 목동은 왕자의 부탁에 대해 어떻게 했을까?

한 왕자가 사냥을 나갔다가 길을 잃고 헤매다가 다행히 한 목동을 만나 길을 안내해 달라고 부탁했다. 그러자 목동은 왕자에게 "왕자님 죄송하지만 지금은 그럴 수가 없습니다. 남의 집 양을 치는 목동인데 양 떼를 놔두고 길을 안내할 수는 없습니다"라고 했다. 왕자는 일당의 수십 배를 줄 테니 다시 안내해달라고 말했지만, 목동은 그럴 수 없다며 거절했다.

참다못한 왕자는 목동에게 칼을 겨누며 "길을 안내하지 않으면 여기서 너를 죽이겠다"고 협박했다. 하지만 목동은 단호한 표정으로 왕자에게 "아무리 그러셔도 전 양들을 버리지 않을 겁니다. 하지만 말로는 안내해 드리겠습니다. 저 산을 세 번 넘은 후에 서쪽으로 계곡을 따라 20분간 가면 길이 나옵니다"라고 했다. 왕자는 하는 수 없이 말해준 대로 힘들게 길을 찾아가면서 "어디 감히 내 간청을 거절하다니…' 하는 생각이 들면서 목동이 괘씸했다.

몇 년 후, 왕자는 왕이 되어 나라를 통치하게 되었다. 막상 인재를 고르려니 마땅한 사람이 없었다. 그때, 그 한결같던 목동이 떠올랐다. 지식과 경험이 풍부한 사람도 좋지만, 끝까지 책임감을 보이는 사람이 훨씬 귀하다고 생각한 왕자는 목동을 불러 재상으로 삼았다. 왕자는 돈과 권력 앞에 뜻을 굽히지 않은 목동의 올곧은 성품을 보고 그를 재상으로 만들었다.

자신이 맡은 책임을 다함

- 책임감은 자신의 임무에 대하여 자신이 해야 할 일이라고 여기는 마음가짐이다.
- 잘못된 경우에는 "내 탓이요." 하면서 자신의 책임으로 돌리는 자세이다.
- 누구나 각자의 위치에서 소명의식에서 비롯된 책임감을 가지고 최선을 다해야 한다.

책임감을 가진 것과 가지지 않는 것은 천양지차

- 책임감을 가지면 꼭 해내고야 말겠다는 자세로 주어진 임무를 완수한다. 책임감을 가지지 않으면 대충대충 일을 처리하고 만다.
- 책임감을 가진 사람은 일이 잘못되면 잘못을 인정하고 반성하며 다시는 잘못되지 않도록 노력한다. 책임감을 느끼지 않는 사람은 잘못을 남의 탓으로 돌린다.

책임감이 강한 사람이 되는 방법

- 자신에 대한 책임 의식을 가지고 솔선수범하면서 근면 성실한 자세를 가진다.

- 사회에 대한 책임 의식을 가지고 법과 질서를 지킨다.
- 자연에 대한 책임 의식을 가지고 환경을 보호한다.
- 책임감 있는 행동과 "제 탓입니다. 제가 했어야 했습니다"라고 말하는 습관을 가진다.
- 공과 사를 구분하여 공적인 일을 하면서 사적인 이익을 추구하지 않는다.
- 해야 할 일을 미루지 않는다.
- 자신의 의무나 임무를 주변에 알린다.

2 · 솔선수범하는 자세

 🎤 슈바이처와 친구의 대화

> 슈바이처에게 친구가 "성공적인 자녀 교육방법 세 가지를 말해 달라"고 부탁하자 "첫째는 본보기요, 둘째 역시 본보기요, 셋째도 본보기다"라고 했다.

솔선수범의 의미와 결과

- 행동으로 보여주고, 들려주고, 시키고, 책임진다.
- 앞장서서 모범을 보인다.
- 다른 사람에게 시킬 때는 직접 해 보인다.
- 자신이 하는 일을 소중하게 생각하고, 최대한 능력을 발휘한다.
- 스스로 자신의 행실을 올바르게 가진다.
- 솔선수범을 보여야 신뢰를 쌓을 수 있다.
- 사람은 말보다는 행동을 주시하면서 감동적인 행동을 보고 마음이 움직인다.

솔선수범하는 방법

● 도덕적이고 관대하며 정직하고 신뢰할 수 있는 사람이 되도록 노력한다.

● '나'보다는 '우리'라는 표현을 더 많이 사용한다.

● 힘든 일이 생기면 직접 나서서 모범을 보인다.

● 하는 일을 소중하게 생각하고 즐기면서 최선을 다한다.

● 안주하려 하지 않고 항상 배우는 자세로 임한다.

● 자신의 발전과 함께 친구나 동료도 발전할 방법을 생각한다.

3 책임감을 지닌 의무

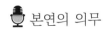 본연의 의무

• 사장이 자신의 목숨을 구해 준 경비원을 해고한 이유는 무엇일까?

대기업 사장이 해외 출장을 위해 아침에 공항으로 가려고 막 차를 타려는데 밤샘 경비를 한 회사 근무자가 헐레벌떡 뛰어와서 말했다. "사장님, 제가 꿈을 꾸었는데 사장님이 타고 가실 비행기가 사고가 났습니다. 아무래도 다음 기회에 가시는 것이 좋을 것 같습니다."

평소 미신을 잘 믿는 사장은 이 말을 듣고 찝찝하게 느껴져서 해외 출장을 미루었다. 그런데 오후 뉴스에 타고 가려고 했던 비행기가 사고가 났다는 보도가 나왔다. 사장은 경비원을 불러 큰 사례금을 주는 것과 동시에 해고를 통보했다. 경비원은 깜짝 놀라며 그 이유를 물었다. "아니, 어떻게 상을 주시면서 저를 해고하십니까?"

그러자 사장은 태연한 표정을 지으며 말했다. "사례금은 내 목숨을 구해 준 대가이지만 밤새 경비를 서야 함에도 자면서 꿈을 꿨으니, 본연의 의무를 망각한 것으로 해고는 당연하지 않은가?"

해고된 경비원은 대오각성하고 다시 그 회사에 이력서를 제출하고 새로 입사하여 근무하면서 본연의 의무를 다하고 나중에 경비 분야의 책임자가 되었다.

의무의 의미

- 인간이 공동체의 일원으로서 수행해야 하는 책무이다.
- 공동체의 유지 발전을 위해서 반드시 갖추어야 할 덕목이다.
- 가족과 사회와 국가 등 공동체와 구성원들에게 이바지하는 것이다.
- 의무는 인생 전체에 걸쳐 이루어진다.
- 현재의 위치에서 자신의 의무를 정확히 이해하고 충실히 수행해야 한다.

의무감이 강한 사람

- 말과 행동이 진실하다.
- 옳은 것을 옳은 방법으로 옳은 시기에 말하고 행한다.
- 인격을 갖추고 배움을 열심히 하고 정직하고 친절하며 진실하게 살아간다.
- 유혹에 저항하면서 악을 행하지 않고 선을 행하고자 노력한다.
- 어려움을 극복할 의지와 목표한 바를 이루어낼 능력을 가지고 있다.

의무를 지키는 자세

- 공동체의 일원으로서 역할과 의무를 인식한다.
- 나에게 주어진 의무를 성실히 수행한다.

4 자신에 대한 책임 : 성실

삶과 땀

 루크레티우스 어록

> 끊임없이 떨어지는 물방울이 바위에 구멍을 낸다.

루크레티우스
(Lucretius, BC 90년대 경)
고대 로마의 시인. 철학자.
그리스의 철학자 에피쿠
로스의 사상과 철학을 다
룬 장편시 〈사물의 본성에
관하여〉로 유명함.

- 삶은 땀을 먹고 자란다.
- 삶을 영위하면서 성실한 노력을 기울이지 않고는 어떤 것도 이
룰 수 없다.
- 성실함의 결과로 얻어지는 성과의 기쁨이 참된 행복이다.
- 떨어지는 물방울이 돌에 구멍을 내듯이 성취는 꾸준한 성실함
의 결과다.

실력과 성실

 만화가의 그림

- 만화가가 된 비결은 무엇일까?

> 만화가로부터 그림을 선물 받은 학생이 기뻐하며 "이렇게 멋진 그
> 림을 금방 그리니 정말 대단하십니다."라고 감탄하자 만화가는 "금방
> 그린 게 아니라 그 그림을 그릴 수 있게 될 때까지 삼십 년이 걸렸어."
> 라고 대답했다.

- 실력은 꾸준한 성실의 다른 이름이다.
- 성실함으로 반복적인 노력을 기울이는 것은 어떤 분야에서 탁

월해지는 것이며 달인이 되는 비결이다.

- 인생을 살아가는 데는 재능보다도 성실한 노력이 더 중요하다. 재능이 있지만, 노력이 부족하면 재능이 꽃피지 못한다.

운과 노력

 발타사르 그라시안 어록

> 시간과 정성을 들이지 않고 얻을 수 있는 결실은 없다.

- 운은 우연이 아닌 노력의 결과이다.
- 노력의 절대량이 많아질수록 운은 좋아지게 마련이다. 행운은 성실한 사람 곁에 있다. 기회라는 운은 성실히 노력하면서 준비한 사람에게 찾아온다. 성실함의 효과는 언젠가는 어떠한 형식으로든지 거두어지게 마련이다.
- 성실한 노력을 기울이지 않고서는 꿈을 실현할 수 없으므로 성실하지 못한 인생을 수치스럽게 생각해야 한다. 인생은 노력하는 사람에게 아름다운 보상을 해준다. 태평하게 행운이 찾아오기만을 기다려서는 안 되며 성실한 노력을 기울여야 한다.

성실한 자세

 세네카 어록

> 어렵기 때문에 못하는 것이 아니다. 감히 시도하지 못하기 때문에 어려운 것이다.

세네카(Seneca, BC 4년 주청~AD 65년) 고대 로마의 스토아 철학자이자 정치가.

문 안으로 들어갈 수 있나요?

• 그동안 남자가 왜 문 안으로 들어갈 수 없었을까?

> 일생을 문밖에서 서성이며 기다린 한 남자가 있었다. 그는 단 한 번도 문 안으로 들어가 보지 못하다가 죽을 무렵이 되어서야 문지기에게 물어보았다. "이 안으로 내가 들어갈 수 있나요?" 그러자 문지기는 반가워하며 "이 문은 당신이 먼저 열어 달라고 해야 열리는 당신의 문입니다"라고 했다.
> 그는 후회했지만, 때는 너무 늦어 버렸다. 문 안으로 들어가기 위해 열어 달라고 부탁을 했거나 열어 보려고 노력이라도 했더라면 벌써 문 안으로 들어갈 수 있었던 것이다.

● 노력하지 않고 이루어지는 일이 없음을 인식하고 꾸준히 노력한다.

● 능력을 발휘하여 잘할 수 있는 일을 한다.

● 내가 하는 일을 사랑하면서 최선을 다한다.

● 필요 없는 행동은 하지 않고 시간을 헛되이 쓰지 않는다.

5 사회에 대한 책임 : 질서와 준법

질서를 지켜야 하는 이유

● 개인의 생명과 재산을 지키고 공동체의 유지와 발전을 위한 것이다.

● 국민으로서 나라에서 정해 놓은 질서를 잘 알고 지켜야 한다.

법을 지켜야 하는 이유

- 개인의 자유와 권리를 지킬 수 있기 때문이다.
- 사회 질서를 유지하여 안심하고 평화로운 삶을 살 수 있게 한다.
- 정의로운 사회를 만들어 갈 수 있게 한다.

법과 질서를 지키는 방법

- 질서 의식을 가지고 선량한 풍속과 기초질서, 사회질서를 지 킨다.
- 바른 생활 습관 정착을 위해 노력한다.
- 교통신호를 잘 지킨다.
- 줄서기에 동참한다.
- 휴지를 함부로 버리지 않는다.
- 공공장소의 시설물을 고장 내거나 더럽히지 않는다.
- 사용한 물건은 제자리에 정돈한다.
- 탈법이나 불법을 저지르지 않는 준법정신을 생활화한다.

6 ↰ 자연에 대한 책임 : 환경 보호

 영화 〈투모로우〉

영화 〈투모로우〉는 지구 온난화로 인한 기상 이변으로 위협받는 인류의 투쟁을 그린 블록버스터 작품이다. 21세기 가장 큰 과제로 대두하고 있는 환경 문제에 대한 이슈를 제기하고 '깨어있어라, 그 날이 다 가온다!'라며 인류의 각성을 촉구한다.

국립해양기상청의 기후학자인 잭 홀(데니스 케이드 분) 박사는 남극의 '라슨 B 빙하'를 탐사하던 중 빙하에 금이 가면서 무너져 내리는 것을 경험하고 기상 이변의 조짐을 발견한다. 얼마 후 기상센터에서는 조지스 뱅크의 기온이 13도나 내려가는 이상 현상이 관측되고, 인공위성에서 내려다본 지구의 기상에도 이상 징후가 나타난다. 또 일본 도쿄에 야구공만 한 우박이 떨어져 사람이 죽고 미국 로스앤젤레스에서는 사상 최악의 토네이도가 발생하는 등 지구 곳곳에서 재앙이 벌어진다.

잭은 자신이 예견했던 빙하기가 곧 닥치리라는 것을 짐작하고 미국 정부에 경고의 메시지를 보낸다. 처음에는 잭의 의견을 무시하던 미국 정부도 이상 현상이 계속되자, 국민들을 남쪽으로 이동시키라는 대피령을 내린다.

한편 퀴즈 대회에 참석하기 위해 뉴욕에 와 있던 잭의 아들 샘과 친구 로라는 공항이 봉쇄되는 바람에 뉴욕에서 발이 묶인다. 뉴욕은 사흘째 엄청난 폭우가 내려 하수구의 물이 역류하고 도로가 마비되는 것은 물론 정전 사태까지 벌어진다. 그리고 거대한 해일이 몰려와 뉴욕을 뒤덮는다. 샘을 비롯해 해일에서 살아남은 사람들은 도서관으로 피신한다. 불안에 몸을 떨던 로라가 샘에게 이렇게 말한다. "난 미래를 위해 열심히 살았어. 그런데 그 미래가 사라지게 됐어."

도서관에 피신해 있다는 샘의 전화를 받은 잭은 방한 장비를 갖추고 아들을 구하기 위해 뉴욕으로 떠난다. 해일이 휩쓸고 지나간 뉴욕에는 눈이 내리고 무시무시한 추위가 몰려와 모든 것을 얼게 했다. 폭설과 한파 속을 지나는 위험한 여정 끝에 잭은 도서관에 도착해 아들과 극적인 포옹을 나눈다. 이들은 헬기를 타고 무사히 제3국으로 떠난다.

영화의 마지막 부분, 제3국으로 피신한 미국 대통령이 TV를 통해 국민에게 담화문을 발표한다. "지난 몇 주간 자연의 분노 앞에 인간은 무력함을 배웠습니다. 인류는 착각해 왔습니다. 지구의 자원을 마음껏 써도 될 권리가 있다고. 하지만 그것은 오만이었습니다."

환경을 보호해야 하는 이유

- 인간은 자연과 함께 살아가는 존재이기 때문이다.
- 환경을 보호해야 그 혜택이 인간에게 돌아오기 때문이다.

환경을 보호하는 방법

- 가능한 한 대중교통을 이용한다.
- 물, 불, 전기, 종이 등 물자를 아껴 쓴다.
- 실내온도를 적정하게 유지한다.
- 분리수거를 생활화하고 쓰레기를 줄이고 재활용한다.
- 일회용 제품과 합성 세제 사용을 줄인다.
- 음식물 쓰레기는 최대한 물기를 빼고 부피를 줄여서 버린다.
- 환경마크가 있는 제품을 사용한다.

 실천하기

- 내가 맡은 일에 대하여 책임지는 자세를 가진다.
- 내가 앞장서야 하는 일에는 솔선수범한다.
- 나의 의무가 무엇인지를 알고 의무를 지킨다.
- 책임을 다하기 위해 근면 성실한 자세를 가진다.
- 사회에 대한 책임의식으로 법과 질서를 준수한다.
- 환경문제에 관심을 가지고 절제하고 절약하는 생활을 한다.

 토론하기

- 책임지는 자세는 어떤 자세인가?

읽기 자료

넬슨의 책임감

넬슨은 전투에 나갈 때마다 '영국은 제군들이 각자의 임무를 다할 것으로 믿는다'라는 신호기를 달았을 정도로 책임감을 강조했고 스스로 실천했다.

프랑스와의 코르시카 기지에서의 전투에서 프랑스군이 쏜 포탄의 파편으로 오른쪽 눈을 다쳐 실명 상태가 되었다. 그 후 나일 강 전투에서 승리를 거두는 등 여러 전투에서 혁혁한 공을 세워 작위를 받고 승진했다. 그는 테네리페를 공격하다 포탄에 맞아 오른쪽 팔꿈치가 부서져 팔을 잘라내야 했다. 건강을 회복한 그는 1801년 코펜하겐 전투에서 승리를 거두고 총사령관이 되었다.

1805년 프랑스와 재개된 전쟁에서 빅토리호를 타고 트리팔가르 전투에 출전했다. 장교들과 수병들의 숭배를 받고 있던 그는 함대를 둘로 나누어 프랑스-스페인 연합 함대로 진격해 전열을 깨고 분쇄한다는 전술의 윤곽을 설명했다. 이것은 전열을 지어 싸우는 전통적 전술을 벗어난 작전 계획이었다.

영국군은 각각 넬슨과 콜링우드의 지휘를 받는 두 개의 함대로 나뉘었다. 적 함대가 접근해오자 그는 다시 한 번 '영국은 제군들이 각자의 임무를 다할 것으로 믿는다.'는 신호기를 높이 올렸다. 전투는 빅토리호 주위에서 가장 치열하게 전개되어 승리를 거두었다. 하지만 넬슨은 프랑스 저격병의 총탄에 맞아 가슴과 어깨에 관통상을 입고 군의관에게로 옮겨졌으나, 가망이 없음을 알게 되었다. "승리는 우리 쪽입니다. 적선 15척을 나포했습니다." 하는 승전 상황 보고를 들은 그는 "잘했다. 그러나 나는 20척으로 기대했다."고 말하기도 했다. 기함 함장이 그의 이마에 작별 키스를 하자, 넬슨은 마지막으로 "이제 저는 만족합니다. 주여, 감사합니다. 저는 제 임무를 다했습니다."라는 말을 남기고 전사했다.

넬슨의 장례식은 세인트폴 대성당에서 장엄하게 치러졌으며, 그의 명성은 수많은 기념비·거리·호텔 이름으로 기록되었고, 그림·판화·흉상·액자가 만들어졌으며 마침내 빅토리호가 포츠머스에 보존되었다.

넬슨(Nelson, 1758~1805)
영국의 해군 제독.

• 넬슨은 자신의 책임을 어떻게 수행했는가?

◉ 책임감은 자신의 임무에 대하여 자신이 해야 할 일이라고 여기는 마음가짐이다.

◉ 책임감을 가진 것과 가지지 않는 것은 일하는 자세와 결과에 있어 엄청난 차이가 난다.

◉ 자신이 맡은 책임을 다해야 한다.

◉ 솔선수범은 행동으로 보여주고, 들려주고, 시키고, 책임지는 자세이다.

◉ 솔선수범을 보여야 신뢰를 쌓을 수 있다.

◉ 도덕적이고 관대하며 정직하고 신뢰할 수 있는 사람이 되도록 노력해야 한다.

◉ 현재의 위치에서 자신의 의무를 정확히 이해하고 충실히 수행해야 한다.

◉ 의무감을 가지고 어려움을 극복하면서 목표한 바를 이루어내야 한다.

◉ 자신에 대한 책임 의식을 가지고 솔선수범하면서 근면 성실한 자세를 가진다.

◉ 성취는 꾸준한 성실함의 결과다.

◉ 재능보다도 성실한 노력이 더 중요하다.

◉ 사회에 대한 책임 의식을 가지고 법과 질서를 지킨다.

◉ 질서는 개인의 생명과 재산을 지키고 공동체의 유지와 발전을 위한 것이다.

◉ 법의 준수는 개인의 자유와 권리를 지킬 수 있게 한다.

◉ 자연에 대한 책임 의식을 가지고 환경을 보호한다.

◉ 환경을 보호해야 그 혜택이 인간에게 돌아온다.

1 지금 현재 나의 위치에서 실천해야 할 책임을 적어 보세요.

------

2 내가 어떤 일에 솔선수범했는지 적어 보세요.

------

3 공적인 의무와 사적인 의무에는 각각 어떤 것이 있나요?

------

4 다음 중에서 성실의 내용을 바르게 설명한 것이 아닌 것은 무엇인가요?

① 실력은 꾸준한 성실의 다른 이름이다.

② 삶에는 성실함보다는 천재적인 재능이 결실을 이루는 경우가 훨씬 많다.

③ 운은 우연이 아닌 노력의 필연적 결과이다.

④ 어떤 일이든지 단숨에 큰 성과를 내려고 하지 않아야 한다.

5 내가 실천하고 있는 법과 질서의 준수의 내용은 어떤 것이 있나요?

정답 1~3. 2가지 작성 4. ② 5. 2가지 작성

5 존중

 학습목표 • 인권과 자기존중, 타인존중, 상호존중에 대해 이해할 수 있다.
• 인간관계의 중요성을 인식하고 실천 방법을 설명할 수 있다.

1 존중이란 무엇인가

존중의 의미

● 나를 인정하고 상대방을 인정하는 마음이다.

● 스스로 쌓아온 경험과 지식과 가치를 인정하는 것이다.

● 인간으로서 존재 그 자체의 존엄성을 인정하면서 소중하게 대
 하는 것이다.

● 공동체 유지와 발전을 위해 갖춰야 할 도덕적 요건이다.

● 모든 인간관계에서 가져야하는 마음가짐이다.

인권

🎤 페스탈로치 어록

> 왕좌에 앉은 임금이나 초가집 어두운 방구석에서 살고 있는 가난한
> 사람이나 다 같이 존엄한 사람이다.

● 인간이 태어나면서부터 인종, 성별, 나이, 사회적 지위, 경제
 력, 신체적 조건 등의 차이와 상관없이 당연히 가지는 기본적

권리이다.

- 시간과 공간을 초월하여 인간이면 누구나 누려야 할 권리로서 보편성을 지닌다.

- 인간으로서의 절대적 가치인 인간의 존엄성을 지키고 보장하는 것으로 어떤 경우에도 절대로 침해할 수 없다는 절대성을 가진다.

- 삶의 주체로서 인간다운 삶을 살아갈 수 있게 하는 권리이다. 인간다운 삶을 누린다는 것은 단순히 생명을 유지하는 것을 넘어 인간의 존엄성을 유지하며 살아가는 것을 의미한다.

- 국제 연합 총회에서 *세계 인권 선언을 채택하여 자유권, 참정권, 인간다운 생활을 보장받을 사회권을 규정하여 인권 속에 포함시켰다.

- 우리나라 헌법에도 '모든 국민은 인간으로서의 존엄과 가치를 가지며, 행복을 추구할 권리를 가진다. 국가는 개인이 가지는 불가침의 기본적 인권을 확인하고 이를 보장할 의무를 진다'라고 명시하고 있다.

세계 인권 선언
1948년 12월 10일 파리에서 열린 국제 연합(UN) 총회에서 채택된 인권에 관한 선언문. 기본적 인권 존중을 중요한 원칙으로 하는 국제 연합 헌장의 취지에 따라 보호해야 할 인권을 구체적으로 규정함.

자기 존중

- 나를 믿고 소중하게 여긴다.
- 나에 대한 자부심을 가진다.
- 나를 사랑한다.
- 나에 대한 긍정적 자세로 노력해 나간다.
- 타인 존중을 하기 전에 먼저 갖춰야 할 덕목이다.

같은 일을 하는 다른 태도

• 자기 존중의 관점에서 페인트를 칠하는 세 사람의 마음가짐은 어떻게 다를까?

화창한 봄날 아이들이 공원에서 놀고 있는데 세 사람이 공원 한쪽 벽에 페인트로 그림을 그리고 있는 모습을 보고 다가가 물었다. "아저씨들 지금 뭐 하세요?"

첫 번째 사람은 퉁명스럽게 "페인트칠하고 있는데 조용히 해줄래"라고 했고, 두 번째 사람은 "돈을 벌기 위해서 이 일을 하고 있어"라고 했고, 세 번째 사람은 즐거운 표정으로 "이 벽에 이 세상에서 제일 멋진 그림을 그리고 있지"라고 했다.

● 소소한 일을 하더라도 자신이 하는 일에 대해 자긍심을 가지고 임하는 자세가 중요하다.

● 자신이 하는 일에 자긍심이 없다면 스스로 자신을 비하하는 것이다.

● 자기 존중은 마음먹기에 달렸다. 자신의 마음에 스스로 자긍심을 채워 넣어야 한다.

타인 존중

 헨리 데이비드 소로 어록

편견을 버린다는 것은 그것이 언제일지라도 절대로 늦지 않다.

헨리 데이비드 소로
((Henry David Thoreau, 1817~1862)
미국의 작가. 대표작 ≪월든 : 숲속의 생활≫

● 다른 사람을 대할 때 갖춰야 할 덕목이다.
● 다른 사람의 존엄성과 권리를 인정한다.

- 다른 사람을 이해하고 배려한다.
- 나와 상대방과의 다름을 인정한다.

상호 존중하는 방법

- 성격과 경험, 지식 등 서로 다름을 이해하고 인정하면서 받아들여야 한다.
- 상대방의 의견을 존중하지 않는 독선과 내 의견이 옳다는 아집을 부려서는 안 된다. 자기 생각과 다른 상대방의 생각을 이해하고 받아들이겠다는 마음과 태도를 가져야 한다.
- 열린 마음으로 자신의 입장과 상대방의 입장에서 동시에 사안을 바라보면서 서로 신뢰를 쌓아가야 한다.
- 존중은 존경심의 발로이므로 존경 받을 수 있는 인격과 마음씨를 가지고 행동해야 한다.
- 도와줄 때는 따뜻한 마음으로, 지적할 때는 진실한 마음으로, 가르칠 때는 이해하는 마음으로 해야 한다.
- 상대방에게 관심을 가지고 예의를 갖추어 배려해야 한다.
- 상대방의 말을 경청하며 관용의 자세를 가져야 한다.

2 자기를 존중하는 자긍심

자긍심의 의미

- 나를 세상에 하나밖에 없는 유일하고 특별한 존재로 생각하고 자신의 현재 모습을 있는 그대로 받아들이면서 자신을 사랑하는 것이다.
- 나를 유능한 존재로 여기고 자신을 믿는 것이다.
- 나를 괜찮은 사람이라고 생각하고 인정하고 신뢰하고 칭찬하

는 것이다.

- 나를 인정하고 존중해야 다른 사람을 인정하고 존중할 수 있다.

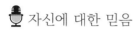 자신에 대한 믿음

- 청년이 어떤 과정을 거쳐 자긍심을 가지게 되었을까?

한 청년이 뉴욕에 있는 대기업의 하급직원으로 일하며 오피스텔 생활을 하고 있었다. 그는 자신에 대한 어떤 자긍심도 가지고 있지 않으면서 그저 하루하루 직장생활을 보내고 있었다. 어느 날 한 노인이 오피스텔 옆방으로 이사해 왔다. 노인은 유명한 작가로서 오피스텔에서 집필 활동을 했다. 노인과 젊은이는 자주 방을 오가며 이야기를 나누었다. 세월이 흐르면서 많은 대화를 하는 가운데 하루는 노인이 자신은 사람들의 전생도 알고 있고 미래도 점칠 수 있다고 말했다. 그러면서 젊은이에게 "나는 자네의 전생을 봤어. 자네의 전생은 나폴레옹 보나파르트야." 하고 말했다. 나폴레옹이 누구인가! 젊은이는 한편으로는 으쓱해지고 흥미가 일기도 했지만, 노인의 말을 믿지는 않았다.

몇 주가 지나가는 동안 노인은 젊은이에게 그의 전생이었던 나폴레옹에 관해 계속해서 상세하게 말해 주었다. 결국에는 노인의 확신에 찬 이야기로 인해 젊은이는 자신이 전생에 나폴레옹이었다는 사실을 점차 믿게 되었다. 그 이후로 젊은이는 나폴레옹에 관한 많은 책을 섭렵하면서 자신에게 있어 나폴레옹과 비슷한 자질을 찾기 시작했다. 그러면서 자신의 내면에 나폴레옹의 특질이 있음을 인식하게 되었다.

그리고 그가 자신이 가지고 있는 지도자적인 자질을 발휘하기 시작했다. 그는 자발적으로 일했고, 항상 남보다 더 많은 일을 도맡아 했으며, 시간을 쪼개어 자신의 역량을 키우는 공부를 했다. 회사에서 주도적으로 문제를 해결했고 올바른 의사 결정을 내리고 효율적으로 일을 처리했다. 그는 자신감과 용기를 가지고 어떤 상황에서든 조금도 움츠러들지 않았다.

회사에서는 그에게 나타난 변화를 느껴 중요한 업무를 맡겼으며, 이를 훌륭하게 해내었다. 얼마 지나지 않아 그는 높은 보수를 받게 되었으며 계속해서 승진했다. 몇 년 후 그는 소극적이고 수동적인 회사원에서 적극적이고 유능한 경영자로 탈바꿈했다.

인생에서 가장 중요한 대상은 바로 '자기 자신'이다. 자기 자신에 대한 믿음은 매우 중요하다. 스스로 자신에게 힘을 주고, 인정하고, 믿어야 한다.

자긍심의 기능

- 사람은 자긍심에 의해 움직이므로 이를 통해 변화하고 발전한다.
- 자신이 여러 면에서 충분하다고 믿어야 능력을 발휘하여 꿈을 실현하고 행복한 삶을 만든다.

나를 객관적으로 보기

 발타자르 그라시안 어록

> 어리석은 사람은 밖으로 드러나 보이는 자신의 외모를 자랑하지만, 지혜로운 사람은 본성에 더욱 신경을 쓴다.

- 자긍심은 무턱대고 가지고 싶다고 가질 수 있는 것이 아니므로 스스로 자긍심을 가질만한지 객관적인 자기 관찰을 해야 한다.
- 내가 어떤 재능을 가지고 있는지 알고 꾸준한 자기 계발을 통해 자긍심을 길러야 한다.

🎙 모차르트의 조언

- 이 소년은 자신의 능력에 대해서 어떻게 판단하고 있는 것일까?

> 한 소년이 자신이 음악적인 재능이 출중하다고 자신만만해 하면서 모차르트를 찾아가 "어떻게 하면 교향곡을 작곡할 수 있습니까"라고 물었다. 모차르트는 이 소년을 테스트해보고 나서 "교향곡을 작곡하기에는 아직 이른 것 같으니 교향곡보다는 민요부터 작곡해 보게"라고 말했다. 그러자 소년은 항의하듯이 "10대에 선생님도 교향곡을 작곡하지 않았습니까"라고 반문했다. 그러자 모차르트는 "작곡은 아무 때나 배워서 익힐 수 있는 것이라기보다는 영감에 따른 경우가 많네"라고 대답해 주었다.

**볼프강 아마데우스
모차르트**(Wolfgang
Amadeus Mozart,
1756~1791)
오스트리아 출신의 고전
파 시대 작곡가.

- 어떤 재능을 가지고 있는지 스스로 객관적으로 알아야 한다. 꿈을 실현하기 위해선 자신이 어떤 면에서 뛰어난지를 알아야 한다.
- 많은 사람은 타고난 재능을 몰라 재능을 살리지 못하지만 탁월한 사람은 자신의 재능을 알고서 반복 훈련을 통해 능력을 발휘한다.

3 · 존중과 인간관계

인간관계의 의미

- 인간은 자기 자신으로만 존재할 수 없으므로 다른 사람들과 인간관계를 맺어야 한다. 인간관계는 만남으로 이루어진다.

- 만남은 처음에는 단순한 시선의 교환, 솔직한 대화로 시작하지만, 점차 열린 마음으로 서로 존중하면서 진정한 인간관계가 이루어진다.

- 인간관계가 삶의 방향과 인생을 결정할 수 있다. 인생을 살아가면서 '어떤 사람과 인간관계를 맺을 것인가'가 무엇보다 중요하므로 인간관계를 소중히 여겨야 한다.

존중하는 인간관계

- 존중은 인간관계의 바탕이며 출발점이다.

- 존중하는 사람에 대하여 매력을 느끼고 그 사람이 말하거나 주장하는 것에 대하여 지지하고 받아들이는 것이다.

- 자기 생각만을 고집하는 독선이나 아집을 부린다면 바람직한 인간관계는 형성되지 못한다. 존중하는 마음으로 상대방에 대한 배려가 없다면 관계는 불편해지고 감정이 상한다.

- 서로의 견해가 다른 경우에 상대방의 의견을 이해하고 존중하는 마음을 가진다면 원만한 관계를 유지하고 발전시킬 수 있다.

- 상대방에 대한 존중을 생각만으로 그칠 것이 아니라 행동에서도 실질적으로 보여 주어야 한다.

실천하기

- 인권 의식을 가지고 사소한 일이라도 인권을 침해하지 않도록 한다.
- 나를 존중하면서 다른 사람의 개성과 다양성도 인정하고 존중한다.
- 다문화 가정 이웃이나 친구의 생각과 행동을 이해하고 존중한다.
- 상대방에게 상황에 알맞은 예의를 갖춘다.
- 상대방의 의견을 경청하고 나의 의견을 말한다.
- 상대방을 존중하는 말씨를 쓴다.
- 다른 사람에 대해 험담하지 않는다.
- 다른 사람의 잘못에 대하여 화를 잘 내지 않는다.
- 나를 사랑한다.
- 나를 가치 있는 사람으로 여기는 건전한 자기 이미지를 가진다.
- 자신에 대해 객관적이며 정직하고 솔직한 시각을 가진다.
- 인간관계의 중요성을 인식한다.
- 인간관계를 맺고 있는 사람을 존중하면서 예의를 지킨다.
- 약속을 잘 지킨다.
- 상대방에게 무언가를 먼저 주기로 마음먹고 실천한다.
- 진취적이고 긍정적인 사람과 인간관계를 맺는다.

 토론하기

- 존중하는 종류와 이를 실행하기 위해서는 어떻게 해야 하는가?
- 나를 자랑스럽게 만들기 위해 어떤 노력을 기울이고 있는가?
- 친구와 인간관계를 돈독히 하기 위해서 어떻게 해야 하는가?

가장 중요한 대상은 너 자신이야

너는 세상에 태어남과 동시에 씨앗 하나가 심어졌어. 그 씨앗은 바로 너만의 독특한 고유성이야. 너는 이 세상에서 한 사람밖에 없는 유일하고 특별한 존재야. 그럼에도 너는 "나는 다니는 학교도 변변치 않고, 머리도 명석하지 않고, 외모도 그저 그렇고, 집안 형편도 별로 좋지 않고…" 등등의 이유를 늘어놓으면서 너 자신을 비하하고 있지는 않니?

만약 이렇게 생각하고 행동한다면 남들로부터 인정받지 못할 거야. 네가 너를 사랑하지 않는데 남들이 너를 인정하지 않는 것은 당연한 일 아니겠어? 너 자신을 별 볼 일 없는 사람으로 생각하는데 어떻게 즐거운 마음으로 생활해 나갈 수 있으며 가치 있는 일을 할 수 있으며 앞으로 나아갈 수 있겠어?

너 자신에 대해 어떻게 생각하고 있는지, 자신의 이미지가 즐겁게 생활하느냐 우울하게 생활하느냐가 앞으로 잘되느냐 잘못되느냐의 출발점이야.

명품은 비교할 수 없으므로 명품이지. 다른 사람과 비교하지 말고 자신을 있는 그대로 받아들이고 너 자신만의 귀한 가치를 찾아 나아가야겠지.

삶에서 가장 중요한 대상은 바로 '자기 자신'이므로 너 자신을 사랑하는 것이 매우 중요해. 자기를 사랑해야 자신을 존중하고 능력을 믿는 자긍심으로 무장되어 열심히 활동해 나갈 수 있는 거야.

자긍심은 자신을 이해하고 받아들이고 사랑하는 마음이야. 네 현재 모습과 가치를 인정하여 어떤 일을 해낼 수 있는 유능한 존재로 여기는 것이지. 자긍심은 '나는 너보다 낫다'가 아니라 '나는 나로서 좋다'고 하면서 스스로 자신의 능력을 인정하는 거야.

너는 너 자신이 스스로 '괜찮은 사람'이라고 생각하니? 만약 네가 너 자신을 괜찮은 사람이라고 생각하지 않는다면 어느 누가 너를 괜찮은 사람으로 봐 주겠어. 우선 너 자신을 믿고 '나는 괜찮은 사람'이라고 생각해야 해. 이것은 바로 '자기 신뢰'로 스스로 칭찬하는 것이지.

너 스스로 자신에 대해 좋은 점들을 인정하고 살리고 발휘하면서 생활해야 해. 그리고 자신에 대한 건전한 이미지를 생각하면서 그렇게 되도록 노력해야 하는 것은 당연한 일이겠지.

너 자신이 실력이 있고 예의 바르고 능동적인 사람이라고 생각하고 실행해 나가면서 그것이 네 몸에 배도록 한다면 자긍심은 점점 더 커 나가겠지. 자긍심이 커 나가면 자신감도 점점 더 발휘되어 좋은 성과를 얻을 수 있는 거야.

이처럼 자신에 대한 자긍심으로 무장한다면 자신을 믿게 되어 어떤 부정적인 상황이 오더라도 능히 이겨낼 수 있는 거야. 예를 들어 시험을 쳤는데 성적이 조금 좋게 나오지 않았다고 하더라도 자신의 실력을 믿는다면 다음번에서 잘할 수 있다는 자신감과 각오가 생기는 것이지.

자긍심이 없다면 아무리 재능을 가지고 있다고 하더라도 소용이 없어. 자긍심이 있어야 열심히 노력하게 되어 변화와 발전을 이룰 수 있는 거야.

하루를 시작하면서 거울을 보고 "나는 나를 사랑한다"고 말하고 '나는 지혜롭고 실력을 갖추고 건강하다. 점점 더 발전하면서 기대하는 방향으로 나아가고 있다'는 자기 확신을 마음에 새겨야 해.

자긍심을 가지라고 해서 현재 너 자신의 능력을 과대평가하라는 것은 아니야. 자신의 능력을 과대평가하는 것은 자만이야. 자긍심과 자만은 달라. 자만하는 사람은 다른 사람을 깎아내리거나 자신의 능력을 과대평가하여 비뚤어진 자신감으로 성과를 내기가 힘들 수밖에 없어.

자긍심은 무턱대고 가질 수 있는 것이 아니야. 끊임없는 자기 관찰과 자기 계발로 스스로 인정할만한 능력을 갖추고 있어야 가능한 것이지.

너 자신에게 솔직한 자세로 나만이 가지고 있는 독창적인 재능과 능력은 무엇인지, 내가 가지고 있는 단점과 취약한 점은 무엇인지 자신에게 물어봐.

너 자신이 어떤 면에서 뛰어난지, 어떤 면에서 부족한지를 알고 있어야 해. 어떤 재능을 알게 되면 이를 더욱 육성하고 발전시켜야 하며 단점이나 취약한 점은 보완하기 위해 노력을 기울여야겠지.

정리하기

◉ 존중은 나를 인정하고 상대방을 인정하는 마음이다.

◉ 인권은 인종, 성별, 나이, 사회적 지위, 경제력, 신체적 조건 등의 차이와 상관없이 당연히 가지는 기본적 권리이다.

◉ 존중에는 자기 존중, 타인 존중, 상호 존중이 있다.

◉ 나를 존중하는 자긍심은 자신을 사랑하고 믿는 것이다.

◉ 나를 유일하고 특별한 존재로 생각하고 자기 자신을 사랑해야 한다.

◉ 자긍심을 가져야 능력을 발휘할 수 있다.

◉ 내가 어떤 재능을 가지고 있는지 알고 자기 계발을 통해 자긍심을 길러야 한다.

◉ 타인존중은 다른 사람의 존엄성과 권리를 인정하는 것이다.

◉ 타인 존중의 기본은 나와 상대방과의 다름을 인정하는 것이다.

◉ 상호 존중을 위해서는 열린 마음으로 자신의 입장과 상대방의 입장에서 동시에 사안을 바라보면서 서로 신뢰를 쌓아가야 한다.

◉ 인간관계가 삶의 방향과 인생을 결정할 수 있다.

◉ 존중은 인간관계의 바탕이며 출발점이다.

◉ 상대방에 대한 존중을 행동으로 보여 주어야 한다.

◉ 인간관계를 맺고 있는 사람을 존중하면서 예의를 지킨다.

◉ 가족, 선생님, 친구 등 가까이 있는 사람에게 정성을 다한다.

확인하기

1 인권이 존중받는 사회를 만들기 위해 내가 할 수 있는 노력을 적어 보세요.

2 나를 존중하기 위한 약속을 적어 보세요.

3 나를 존중할 때의 좋은 점을 서술하시오.

4 다음 중에서 자긍심을 바르게 설명한 내용이 아닌 것은 무엇인가요?

① 자신의 현재 모습과 가치를 인정하여 자신을 사랑하는 것이다.

② 자신을 어떤 일을 해낼 수 있는 유능한 존재로 여기고 자신을 믿는 것이다.

③ 자긍심은 자신을 바라보는 다른 사람의 이미지의 문제다.

④ 누구나 세상에 하나밖에 없는 경이롭고 유일한 존재다.

5 공공장소를 선정하어 그곳에서 지켜야 할 타인 존중의 올바른 방법을 적어 보세요.

선정한 공공장소 :

존중하는 방법 :

6 인간관계에서 친구를 믿고 우정을 쌓는 일은 왜 중요한지 서술하시오.

정답 1~3. 각자 작성 4. ③ 5~6. 각자 작성

6 배려

🔲 **학습목표**
- 배려의 의미를 이해하고 꾸준히 실천해 나갈 수 있다.
- 배려의 형태인 이타심, 친절, 용서의 중요성을 인식하고 실천할 수 있다.

1 배려란 무엇인가

배려의 의미

- 인간만이 나눌 수 있는 미덕이다.
- 대가를 바라지 않고 상대방의 입장이나 형편을 진심으로 이해하는 마음이다.
- 관심을 기울이고, 도와주고, 보살펴주고, 양보하고, 베풀고, 봉사하는 것이다.
- 의무는 아니지만, 의무보다 높은 마음 씀씀이다.
- 인간관계의 윤활유로 마음을 열게 하는 열쇠이다.
- 따뜻하고 아름다운 사랑이다.
- 주변을 밝게 하는 햇살이며 기쁘게 하는 향기이다.

배려하는 사람은 어떤 사람인가

- 여러모로 마음을 쓰는 자상한 사람이다.
- 이기적인 사람이 아니라, 이타적인 사람이다.
- 정성을 다하는 사람이다.
- 친절한 사람이다.

- 마음이 아름다고 따뜻한 사람이다.
- 즐거움과 행복을 주는 착한 사람이다.
- 성공적인 삶을 살아가는 사람이다.

배려하면 어떻게 되나

- 상대방이 감사한 마음을 갖게 되거나 감동하게 된다.
- 상대방이 호의를 갖게 되면서 사이가 좋아진다.
- 상대방을 기쁘게 하고 내 마음도 즐거워진다.
- 서로에게 예의 바르고 친절하며 존중하게 된다.
- 자신의 삶에 보람과 긍지를 느끼게 된다.
- 세상을 훈훈하게 하며 정이 넘치는 더불어 사는 공동체를 만든다.

배려는 어떤 행동인가

- 상대방에게 가만히 손을 내미는 인간적인 몸짓이며 행동이다.
- 이해관계를 떠나서 상대방을 보살펴주고 도와주는 행동이다.
- 상대방을 이롭게 하고 기쁘게 하는 행동이다.
- 상대방에게 폐를 끼치거나 피해를 주지 않는 행동이다.
- 크게 힘든 일이 아니며 사소하고 단순한 행동일 수도 있다.

🎙 소달구지

· 농부의 행동에서 느끼고 배울 점은 무엇일까?

한 농부가 소달구지를 끌고 가고 있었다. 달구지에는 가벼운 짚단이 조금 실려 있었지만 농부는 자기 지게에 따로 짚단을 지고 있었다. 힘들게 지게에 짐을 따로 지고 가는 특이한 광경이었다. 농부도 달구지에 타고 가면 편했을 것이다.

> 행인이 농부에게 "왜 소달구지에 짐을 싣지 않고 힘들게 갑니까" 하고 묻자 "소가 하루 종일 힘든 일을 했으니 짐을 서로 나누어져야지요"라고 대답했다.

먼저 배려하고 도움을 주는 사람은 마음이 따뜻한 사람이다. 상대방을 감동시키는 사랑의 명약은 진심에서 우러나는 배려다. 배려는 상대방의 불편을 조금이라도 덜어주기 위해 자신은 불편함과 수고를 감수하겠다는 마음가짐이다.

 결승선이 눈앞에 있어요

- 1위를 양보한 2위 선수의 행동에 대하여 어떻게 생각하는가?

> 어느 마라톤 대회에서 실제 있었던 일이다. 여성부 1위로 달리고 있던 선수가 결승선을 고작 183m를 남기고 다리가 풀려 더 이상 뛰지 못하고 바닥에 주저앉아 버렸다. 그 뒤를 바짝 쫓고 있던 2위 선수의 우승은 기정사실이었다. 그런데 1위 선수가 주저앉아 있는 모습을 본 17세 고교생 2위 선수는 1위였던 선수를 부축하고 함께 뛰기 시작했다.
> 비틀거리는 1위 선수에게 2위 선수는 "결승선이 바로 저기 눈앞에 있어요"라고 끊임없이 독려하며 함께 달렸다. 그리고 결승선 앞에서 등을 밀어주어 우승할 수 있도록 해 주었다. 이날 1위 선수는 2시간 53분 57초의 기록으로 우승을 차지했지만 2위 선수에게 더 큰 환호와 찬사가 쏟아졌다.
> 2위 선수는 어린 나이인 12살 때부터, 비영리단체를 만들어 집 없는 사람을 돕던 아름다운 소녀였다.

치열한 경쟁이 펼쳐지는 현실에서 양보한다는 건 쉬운 일이 아니다. 하지만 아름다운 양보는 승리보다도 더 값지고 위대할 수 있다.

곰곰이 생각해 보면 자신이 여기까지 오는 과정에서 부모 형제 였던, 선생님이었던, 선배였던, 친구였던 내 등을 밀어주던 누군 가가 있었다. 누구나 타인의 도움을 받으며 살아가고 있으며 마찬 가지로 누군가의 등을 밀어줄 따뜻한 손을 가지고 있다.

2 이타심 발휘

 마더 테레사 어록

> 나눔은 우리를 '진정한 부자'로 만들며, 나누는 행위를 통해 자신이 누구인지를 발견하게 된다.

마더 테레사(Mother Teresa, 1910~1997) 알바니아계 인도 국적의 로마 가톨릭교회 수녀. 1950년 인도 콜카타에서 〈사랑의 선교회〉를 설립하고 빈민과 병자, 고아, 그리고 죽어가는 이들을 위해 헌신함. 노벨평화상 수상.

이타심이란 무엇인가

● 타인을 신뢰하고 배려하는 것이다.

● 남의 즐거움을 기뻐하고 남의 고통을 아파하는 것이다.

● 관심이나 봉사 등에서부터 기부 등 물질적인 것까지 포함된다.

왜 이타심을 발휘해야 하나

● 대부분 이기적인 삶이 활개를 치기 때문이다.

● 공동체의 유지와 발전을 위해서이다.

이타심을 발휘하면 어떻게 되나

● 어려운 처지에 있는 사람에게 큰 도움이 된다.

● 인생에서 큰 보람을 느끼게 된다.

🎙 사과 한 개

• 사과 가게 주인은 어떤 마음의 소유자라고 생각하는가?

나폴레옹(Napoléon, 1769~1821)
프랑스 제1공화국의 군인 으로 프랑스 제1제국의 황 제였음.

프랑스 브리엔 유년 군사학교 인근 사과 가게에는 휴식 시간마다 사 과를 사 먹는 학생들로 붐볐다. 하지만 돈이 없어서 저만치 떨어진 곳 에 혼자 서 있는 학생 한 명이 있었다. 이 모습을 본 가게 여주인은 학 생의 사정을 짐작하고 만날 때마다 "학생, 이리 와요. 사과 하나 줄 테 니 와서 먹어요"라고 하면서 사과 하나씩을 주었다.

그 후 30여 년이 흘러 사과 가게 여주인은 허리 구부러진 할머니가 되었지만, 여전히 그 자리에서 사과를 팔고 있었다. 어느 날, 장교 한 사람이 사과 가게를 찾아와서 사과 한 개를 사서 먹으면서 "할머니, 이 사과 맛이 참 좋습니다"라고 말했다. 그러자 할머니는 "지금의 나 폴레옹 황제께서도 학생 시절에 우리 가게에서 사과를 사서 맛있게 드셨지요. 벌써 30년이 지났어요"라고 대답했다.

다시 장교가 "제가 듣기로는 가난했던 어린 시절의 나폴레옹 황제 에게, 할머니께서 늘 사과를 그냥 주셔서 먹었다고 하던데요"라고 하 자 할머니는 정색을 하면서 "아니에요, 그건 군인 양반이 잘못 들은 거예요. 그때 그 학생은 반드시 돈을 꼭꼭 내고 사 먹었지요. 한 번도 그냥 얻어먹은 일은 없었어요"라고 말했다. 할머니는 나폴레옹 황제가 학생 시절에 겪은 어려웠던 일이 사람들의 입에 오르내리는 것이 싫은 듯 부인했다. 그러자 장교는 다시 물었습니다. "할머니는 지금도 황제 의 소년 시절 얼굴을 기억하십니까?"

할머니는 고개를 옆으로 저으면서 먼 하늘을 바라보았다. 사과를 통해 마음을 나누었던 추억을 더듬는 듯했다. 그러자 그 장교는 갑자 기 먹던 사과를 의자에 놓고 일어나 할머니의 손을 꽉 잡으며 눈물을 흘리면서 말했다. "할머니, 제가 바로 나폴레옹 황제입니다. 바로 30 년 전에 돈이 없어 사과를 사 먹지 못할 때, 할머니께서 저에게 사과 를 주신 나폴레옹 보나파르트입니다. 그때의 사과 맛을 지금도 잊지 못하고 있습니다. 전 그때 그 사과를 먹으면서, 언젠가는 할머니의 은 혜를 꼭 갚겠다고 몇 번이고 다짐했습니다."

할머니 눈에선 어느새 눈물이 흐르고 있었다. 나폴레옹은 금화가 가득 들어 있는 주머니를 할머니 손에 쥐어주면서 말했다. "할머니, 이것은 저의 얼굴이 새겨진 금화입니다. 이것을 쓰실 때마다 저를 생각해 주십시오. 정말 고마웠습니다."

나눔은 크고 거창한 것이 아니다. 내가 가진 일부를 나누는 것이다. 물질을 나누고, 마음을 나누고 재능을 나누는 것이다. 내게는 작고 사소한 나눔이지만 필요한 사람에게는 살아갈 용기를 주는 희망의 빛이 될 수 있다.

🎙 몰래한 선행

• 몽테스키외의 행동에 대해 어떻게 생각하는가?

몽테스키외
(Montesquieu,
1689~1755)
프랑스의 사상가. 그의 사상은 ≪법의 정신 L'Esprit des lois≫(1748)으로 집약됨.

18세기 프랑스의 저명한 법률가이자 사상가인 몽테스키외 남작은 흑인 노예무역을 격렬하게 비판한 인권주의자이기도 했다. 그가 여행하다가 탄 배에서 수심이 가득한 얼굴로 힘겹게 노를 젓는 어린 형제 사공을 보고 물었다. "한창 공부할 나이에 왜 학교에 다니지 않고 이렇게 힘든 일을 하느냐?"

형제는 울먹이면서 대답했다. "아버지는 상인이셨는데 해적들에게 잡혀 노예로 팔려갔습니다. 그런데 저희 아버지를 산 사람이 편지를 보내와서 아버지 몸값으로 큰 돈을 내야 풀어준다고 하여 이렇게 둘이서 노를 젓고 있습니다."

형제들의 효심에 감동한 몽테스키외 남작은 여행 후 형제의 집으로 필요한 큰돈을 보내 주었다. 그리고 누가 이 돈을 보내는지 알지 못하도록 했다.

이 사실은 몽테스키외 남작이 세상을 떠난 후 지인들이 몽테스키외 남작이 남긴 글을 정리하여 출간하기 위해 일기장을 보다가 알게 되어 알려지게 되었다. 그 후 도움을 받았던 아버지와 두 형제는 몽테스키외 남작의 묘소를 찾아 추모했다.

● 나눔은 손바닥에 떨어트린 향수와 같은 것이다. 주먹을 쥐어 향수의 모습은 감출 수 있어도 향수가 뿜어내는 향기는 감출 수 없다.

● 아무도 보고 있지 않고 알아주는 사람이 없어도 나눔 행동을 하면 그 향기가 주변을 물씬 풍길 것이다.

3 ⌒ 친절한 배려

 헨리 제임스 어록

> 인생에서 중요한 것이 세 가지 있다.
> 첫째는 친절해야 한다는 것이다.
> 둘째로는 친절해야 한다는 것이다.
> 그리고 셋째 역시 친절해야 한다는 것이다.

헨리 제임스(Henry James, 1843~1916) 미국의 심리소설가. 대표작으로《대사들》,《데이지 밀러》,《여인의 초상》등이 있음.

친절이란 무엇인가?

- 친근하고 다정한 태도이다.
- 상냥한 말씨와 밝은 표정이다.
- 일상생활에서 사소한 배려에서 나타난다.

왜 친절해야 하나?

- 친절을 베풀면 자신의 마음도 즐거워진다.
- 친절을 베풀면 더 큰 친절을 되돌려 받는다.
- 좋은 인간관계의 실마리가 된다.
- 친절은 미소를 낳고, 미소는 행복을 낳는다.

어떻게 친절해야 하나?

- 타인을 배려하는 마음으로 해야 한다.
- 따뜻한 말 한마디, 밝은 표정 하나 짓는 것이 중요한 역할을 한다.
- 너그럽고 친밀한 태도를 보인다.
- 남이 나에게 해주기를 바라는대로 남에게 해주는 것이다.

4　용서하는 배려

 셰익스피어　어록

> 남의 잘못에 대해 관용하라. 오늘 저지른 남의 잘못은 내가 어제 저지른 잘못이었음을 생각하라.

셰익스피어
(Shakespeare
1564~1616)
영국의 시인·극작가.

용서란 무엇인가?

● 잘못이나 상처를 준 사람에게 관대하게 대해주는 것이다.

● 잘못이나 상처를 준 사람에게 은혜를 베푸는 고결한 사랑이다.

● 잘못을 저지른 사람의 마음을 편하게 해주는 일이다.

왜 용서해야 하나?

● 용서는 자신을 위한 배려이다. 용서하지 않으면 계속해서 분노하게 되므로 용서해야 상처를 떨쳐버릴 수 있기 때문이다.

● 용서해야 과거의 짐에서 벗어나 미래로 향할 수 있다.

용서는 어떻게 하나?

● 용서는 상처받은 사람이 일방적으로 할 수 있지만, 서로가 해야 할 경우가 많다.

● 다툼의 원인이나 내용에 상관없이 다툰 자체에 대해 자신에게 잘못이 있다고 생각하고 용서를 구한다.

● 다툼이 일어나면 먼저 "미안하다"고 말하는 게 좋다.

115

이상재(李商在, 1850~1927)
일제 강점기 조선의 교육자, 청년운동가, 독립운동가, 정치인, 언론인. 독립협회, 만민공동회에서 민중 계몽운동을 하였음.

🎤 도둑을 용서한 이야기

• 이상재 선생의 도둑을 용서한 행동에 대하여 어떻게 생각하는가?

> 일제 강점기 독립 운동가였던 이상재 선생이 밤 늦도록 책을 읽고 있는데 도둑이 들었다. 도둑이 이 방, 저 방 다니며 물건을 챙기다가 이상재 선생이 있는 방문을 열고는 깜짝 놀라자 이상재 선생은 태연하게 "안녕하십니까? 어쩐 일이십니까?" 하고 인사를 했다. 그리고는 안절부절못하는 도둑에게 필요한 물건이 있으면 가져가라고 했다. 도둑은 어리둥절해 하면서 "고맙습니다." 인사를 하고 나가다가 그만 순찰하던 순사에게 붙잡혔다. 순사는 도둑을 끌고 이상재 선생 집으로 와서 "도둑을 잡았습니다. 도둑맞은 물건을 받으십시오."라고 했다. 그러자 이상재 선생은 "내가 가지고 가라고 주었는데 도둑이 아니라 우리 집에 온 손님이오."라고 말하며 도둑을 용서해 주었다. 도둑은 눈물을 흘리며 엎드려 용서를 빌었다.

● 자신이 저지른 큰 잘못은 크게 용서를 구하고 진심으로 참회해야 한다.

● 때로는 처벌하는 것보다 용서하는 것이 양심에 더 큰 울림을 주어 한 사람의 영혼을 구제하는 것일 수 있다.

실천하기

- 대중교통을 이용할 때 노약자나 어린아이가 먼저 타도록 하고 좌석에 앉게 한다.
- 공공장소에서 눈살 찌푸리게 하는 행동을 하지 않는다.
- 문을 닫을 때 큰소리가 나지 않도록 살며시 닫는다.
- 식사 후에 그릇을 개수대에 갖다 놓는다.
- 곤란에 처한 친구를 능력껏 도와준다.
- 가족이나 친구를 위해 좋은 일을 실천한다.
- 미소를 지으며 공손한 말씨와 행동을 한다.
- 감사나 찬사의 뜻을 표해 기분을 즐겁게 만든다.
- 물으면 친절히 가르쳐 준다.
- 잘못을 저지르거나 상처 준 사람을 용서하기 위해 노력한다.
- 원망할 만한 일에 대해 관용을 베푼다.
- 잘못했을 때는 잘못을 시인하고 상대방에게 용서를 구한다.

 토론하기

- 배려하는 사람이 지녀야 할 자세는 어떠해야 할까?

생명을 구한 이타심

〈쉰들러 리스트〉

영화 〈쉰들러 리스트〉에서는 제2차 세계 대전 중에 1,100명의 유대인을 구한 체코슬로바키아 출신의 독일 나치 당원 오스카 쉰들러(1908~1974)의 업적이 다큐멘터리처럼 이어진다.

1939년 9월, 독일군은 폴란드를 점령하고 폴란드 내의 모든 유대인을 대도시인 크라코프로 이주시킨다. 오스카 쉰들러(리암 니슨 분)는 폴란드 주둔 나치로부터 식기류를 납품할 수 있는 허가를 받고 법랑 공장을 운영한다. 전직 회계사인 유대인 이작 스턴(벤 킹슬리 분)을 공장장으로 임명하고, 많은 유대인을 노동자로 고용한다. 고용된 유대인에게는 나치가 전쟁에 필요한 일꾼이라는 표시의 파란 카드를 발급해 준다.

1943년 3월 13일, 수용소장 아몬 커트(랄프 파인즈 분)의 지휘 아래 유대인 대량 학살의 서곡이 시작된다. 나치는 거주지에 있는 유대인을 집결시키고, 무조건 현장에서 사살한다.

1944년 8월, 아몬 커트는 쉰들러에게 "40일 뒤에는 수용소에 살아남아

있는 유대인들도 죽음의 아우슈비츠로 보낼 것이오"라고 말한다. 쉰들러는 또다시 아몬 커트와 커다란 거래를 통해 고향인 체코에 탄피 공장을 운영한다는 명목으로 유대인 한 사람당 돈을 얼마씩 주기로 하고 죽음의 수렁에서 벗어날 명단을 작성하여 그들을 데리고 간다.

1945년 8월, 독일은 연합군에 항복한다. 공장의 유대인들은 금니를 뽑아 녹여 쉰들러에게 전달할 감사의 반지를 만든다. 감사의 금반지를 이작 스턴이 전달하면서 말한다. "반지에는 '하나의 생명을 구하는 자는 온 세상을 구하는 것 (Whoever saves one life, saves the world entire)'이라는 탈무드에 나오는 글귀가 쓰여 있습니다."

차에 올라타고 떠나는 쉰들러 부부를 바라보는 목숨을 건진 유대인들. 가슴이 찡한 이스라엘 민속 음악이 잔잔히 흐르는 가운데 유대인의 행진이 이어지면서 영화는 끝난다.

• 쉰들러는 어떻게 이타심을 발휘했는가?

정리하기

- 배려는 관심을 기울이고, 도와주고, 보살펴주고, 양보하고, 베풀고, 봉사하는 것이다.

- 배려하는 사람은 마음이 아름답고 착한 사람이다.

- 배려하면 인간관계가 좋아진다.

- 배려는 크게 힘든 일이 아니며 사소하고 단순한 일일 수도 있다.

- 이기심이 팽배한 세상에서 이타심을 발휘해야 한다.

- 관심이나 봉사 등에서부터 기부 등 물질적인 것까지 포함된다.

- 이타심을 발휘하면 인생에서 큰 보람을 느끼게 된다.

- 일상생활에서 사소한 배려에서 나타난다.

- 친절을 베풀면 더 큰 친절을 되돌려 받는다.

- 친절한 따뜻한 말 한마디, 밝은 표정 하나 짓는 것이 중요한 역할을 한다.

- 용서는 잘못이나 상처를 준 사람에게 베푸는 큰 배려이다.

- 용서해야 과거의 짐에서 벗어나 미래로 향할 수 있다.

- 잘못했을 때는 잘못을 시인하고 상대방에게 용서를 구한다.

확인하기

1 다음 중에서 배려의 의미가 아닌 것은 무엇인가요?

① 인간만이 아니라 동물도 서로 배려한다.

② 배려는 의무는 아니다.

③ 대가를 바라지 않는 것이다.

④ 인간관계의 윤활유이다.

2 열심히 공부를 하고 있는데 어머니가 양손에 무거운 짐을 들고 집으로 오신다는 전화를 받았을 때 어떻게 해야 할지 적어 보세요.

3 친구가 나를 화나게 했을 때 배려의 관점에서 어떻게 해야 할지 적어 보세요.

4 문제를 읽고 O·X를 표시 하세요.

이타심 발휘는 기부 등 물질적인 것은 포함되지 않는다. (　　)

5 배려와 이타심의 실천이 우리 삶에 가져올 변화는 무엇인지 적어 보세요.

6 빈칸에 적절한 단어를 기입하세요.

(　　　　　　　)해야 과거의 짐에서 벗어나 미래로 향할 수 있다.

정답 1. ① 2~3. 각자 작성 4. X 5. 각자 작성 6. 용서

7 소통

📖 **학습목표** • 소통의 의미와 본질을 이해하고 실천 방법을 열거할 수 있다.
• 공감대 형성의 중요성을 이해하고 실천 방법을 열거할 수 있다.
• 갈등에 대한 시각과 관리 방법을 설명하고 실천 방법을 열거할 수 있다.

1 삶과 소통

소통의 의미

- 막히지 않고 잘 통하는 것이다.
- 서로 통하여 오해가 없는 것이다.
- 서로 간에 감정이 교류하는 것이다.
- 열린 사고와 마음으로 상대방을 받아들이는 것이다.

삶은 소통으로 이루어진다.

- 개인, 가족, 학교, 직장, 사회 등에서의 관계와 생활의 근간은 소통이다.
- 소통으로 인해 개인과 공동체의 발전이 이루어진다.

소통해야 하는 이유

- 인간은 서로 생각과 행동하는 방법이 다르기 때문이다.
- 소통 능력을 키우기 위한 전제는 상대방이 나와 다르다는 것을 인정해야 한다.

소통의 본질

- 열린 마음으로 상대방의 입장에서 사안을 바라보고 상대방의
생각을 이해하는 데서 출발한다.
- 자기 생각과 상대방의 생각을 함께 나누면서 같이 동의하고 느
껴야 한다.
- 자신의 주장이나 생각을 내세우기에 앞서 상대방의 주장이나
생각을 받아들이려는 자세를 가져야 한다.
- 열린 마음으로 상대방이 말하는 것을 경청해야 한다.

2 소통하는 방법

말

조르조네 〈세 명의 철학자〉

- 이해하기 쉽게 명확하게 말한다.
- 진정성을 가지고 정직하고 솔직하게 말한다.
- 논리적이고 적절한 비유, 감성적 언어, 유머를 결합한 언어를 구사한다.
- 성급하게 말하지 않고 생각을 한 다음에 말한다.
- 주제에 맞게 간결하게 말한다.

경청

🎙 나팔보다 안테나

• 에인젤이 38년간이나 총장에 재직할 수 있었던 비결은 무엇일까?

에인젤(1829~1916)은 38년간이나 미국 미시간대학 총장을 지냈다. 대개 총장 직책은 길어야 10년 내외로 30년이 넘도록 총장직을 수행한다는 건 매우 드문 경우이다. 그가 이렇게까지 오랫동안 총장직을 수행할 수 있었던 것은 교직원들과 학생들의 요구사항을 잘 받아들여서 학교의 형편과 조율하는 행정을 펼쳤기 때문이다.

에인젤이 총장 업무를 훌륭하게 수행하고 물러나기로 했을 때 기자들이 몰려와 질문을 던졌다. "총장직에 이렇게 오랫동안 유임될 수 있었던 비결은 무엇입니까?"

그러자 에인젤이 거침없이 답변했다. "나팔보다 안테나를 높이 세운 것이 비결입니다."

말하기보다 듣기를 더 중요하게 생각했다는 뜻이다. 그는 자신이 먼저 나서서 말하기보다 많은 사람의 말을 듣고 난 후 말했다.

에인젤의 경청에 대한 중요성 인식과 경청 습관은 아들에게도 이어져 심리학자인 아들도 16년 동안 예일대학 총장직을 훌륭하게 수행하여 존경을 받았다.

- 경청은 상대방에 대한 존중의 표시로서 경청할 때는 상대방의
  눈을 수시로 바라본다.
- 자신이 말하기 보다는 상대방의 말을 먼저 듣는 것을 중시한다.
- 상대방의 말을 가로막지 않는다.
- 들으면서 적절하게 질문하고 맞장구친다.
- 제대로 알아듣지 못했을 때는 이해하지 못했다고 말하고 명확
  히 이해하도록 한다.

글

- SNS 등 정보통신기기를 통해 만나지 않고 글로 표현할 때는
  간략하게 줄인 글을 쓰지 말고 구체적 언어로 명확하게 쓴다.
- 감정적인 표현이라도 이모티콘을 과도하게 사용하지 않는다.

칭찬

 베이브 루스 이야기

- 베이브 루스는 어떻게 방황을 끝내고 훌륭한 야구 선수가 되었
  을까?

베이브 루스 (Babe
Ruth, 1895~1948)
미국의 야구 선수.

> 베이브 루스는 1895년 미국 볼티모어의 빈민가에서 태어났다. 술
> 집을 하는 아버지와 병으로 아픈 어머니. 소년 시절, 루스는 아무튼
> 난폭한 소년이었다. 그런 루스가 세인트 매리 학교에서 마티어스 선생
> 님을 만나 어느 날 대화를 나누었다.
> 먼저 선생님이 반항적인 루스에게 말했다. "너는 참으로 어쩔 수 없
> 는 아이구나. 단 한 가지 좋은 것만 제외하고는."
> "선생님, 거짓말하지 마세요. 나에게 무슨 좋은 점이 있다는 거죠?"
> "네가 없으면 야구팀이 무척 곤란해지지 않겠니? 그러니 열심히 해
> 봐."

　　어디를 가든 환영을 못 받던 루스에게 선생님의 칭찬은 그의 방황에 종지부를 찍게 해 준 계기가 되었다. 루스는 자신에게 야구에 재능이 있다는 것을 알게 되었고, 누군가를 기쁘게 해주는 의미 있는 존재가 되었다는 것에 행복을 느꼈다. 이후 루스는 은퇴할 때까지 714개의 홈런을 기록하는 대선수가 되었고, 마티어스 선생님에게 감사하는 마음을 평생 잊지 않았다.

● 칭찬은 상대방의 마음을 여는 열쇠이다.
● 상대방이 인정받기를 원하는 부분에 대하여 구체적으로 칭찬한다.
● 친절한 말로 지나치지 않게 적절하게 칭찬한다.

유머

 신기한 엘리베이터

· 아버지가 아들에게 왜 엄마를 불러오라고 했을까?

　　인적 드문 산골에서 한평생을 산 가족이 처음으로 대도시의 백화점에 들렀다. 엄마가 화장품 코너에서 넋이 나가 있는 동안 아들과 아빠는 신기하게 생긴 철문을 쳐다보고 있었다. 엘리베이터였다. 철문이 자동으로 스르륵 열리자 한 할머니가 철문 안으로 걸어 들어갔다. 철문 위에 달린 숫자 버튼에 '1.2.3' 이렇게 차례대로 불이 켜지더니 '4' 버튼에 불이 켜졌다. 아빠와 아들은 꼼짝하지 않고 그 버튼을 지켜보고 있었다. 다시 숫자 버튼에 불이 들어오기 시작하고 '1' 버튼에 불이 들어왔을 때 스르륵 철문이 열렸다. 아니! 그런데 이게 어찌 된 일인가? 문이 열리자 그 안에서 노파 대신 날씬한 미녀가 걸어 나오는 것 아닌가! 아빠는 다급한 목소리로 아들을 불렀다. "얘! 어서 가서 엄마 좀 데려와!"

- 유머는 분위기를 유쾌하게 만들어 소통을 원활하게 한다.
- 유머 감각을 발휘하여 상대방을 즐겁게 한다.
- 유머는 양념이 되어야지 지나치면 천박해진다.

비언어적 표현 : 눈 마주침, 몸짓

- 때로는 눈 마주침이나 몸짓이 상대방의 마음을 움직인다.
- 눈 마주침은 서로의 감정 상태를 알 수 있다.
- 따뜻한 손길, 친절한 다독임, 가벼운 포옹 등 적절한 스킨십은 상대방의 감정이나 상황을 존중한다는 것을 보여준다.
- 비언어적 표현은 상대방의 취향, 문화, 환경에 맞추어 적절히 구사하여야 한다.

3 · 소통과 공감

🎤 상대방과의 공감

• 장애 친구와 어떤 과정을 거쳐 공감대를 형성했을까?

사고로 오른손을 잃은 한 아이가 있었다. 아이는 초등학교에 들어갔지만, 친구들과 어울리지 못했고 때로는 친구들의 놀림으로 인해 울기도 했다. 아버지는 학교 선생님을 찾아가 아이가 친구들로 인한 마음의 상처를 받지 않도록 부탁했다.

선생님은 수업시간이 되자 학생들에게 끈을 하나씩 나누어 주고는 오른손을 뒤로 돌려 허리띠에 끈으로 묶으라고 했다. 호기심에 재미있어 하는 학생들에게 다시 말했다."이번 수업이 끝날 때까지 오른손을 쓰지 않고서도 공부를 잘 할 수 있는지 체험해 볼 거예요."

수업이 끝나자 선생님은 아이들에게 묶었던 끈을 풀라고 했다. 쉬는 시간이 되자 반 아이들은 오른손이 없는 친구를 찾아가 미안해하며 말했다. "네가 그렇게 불편할 거라곤 생각 못 했어. 너는 오른손을 안 쓰고도 어떻게 그 모든 것을 할 수 있었지? 그동안 그것도 모르고 놀려서 정말 미안해"

공감의 의미

- 마음과 마음이 서로 통하는 상태이다.
- 다른 사람과 의견, 감정, 생각, 처지에 대하여 서로 동질감을 느끼는 것이다.
- 같이 느끼는 것만이 아니라 상대방의 느낌까지도 알아차리는 것이다.
- 상대방의 느낌을 그대로 인정해 주면서 나의 것으로 받아들이는 것이다.

공감의 시작

- 상대방의 심정과 감정을 진심으로 이해한다.
- 이해의 바탕 위에서 진실한 마음으로 대한다.

4 공감대 형성

공감대 형성의 의미

- 두 사람 사이나 집단 간에 상호 신뢰를 나타내는 심리이다.
- 서로 마음이 통하고, 무슨 말이라도 털어놓고 말할 수 있고, 말하는 것이 충분히 이해가 되는 관계로 느껴지는 편안한 상태이다.
- 모든 관계에서 가장 중요한 것 중의 하나가 공감대 형성이다. 서로 간에 공감대가 형성되어야 제대로 된 관계를 맺으면서 진정한 의사소통이 이루어진다.

공감대를 형성하는 방법

- 겸손한 태도로 상대방을 알고 이해해야 한다.
- 서로 믿어야 한다.
- 서로 솔직해야 한다.
- 자신의 의견을 솔직하게 구체적으로 말하고 상대방이 이해했는지를 확인한다.
- 무엇보다도 서로 마음의 문을 연다.

5 소통과 공감을 통한 갈등 해결

삶과 갈등

● 살아가면서 갈등은 있기 마련이다.
● 갈등이 생기면 일을 재대로 수행할 수 없으므로 해결해야 한다.

갈등 해결 방법

● 갈등이 생긴 문제를 새로운 시각으로 바라본다.
● 갈등의 원인과 내용이 무엇인지를 파악한다.
● 상대방과 나의 의견이 다름을 인정한다.
● 먼저 상대방의 의견을 듣고 이해하도록 노력한다.
● 듣는 과정에서 수시로 질문하여 소통을 강화한다.
● 공통점을 공유하여 공감대 형성에 노력한다.
● 서로가 이해할 수 있는 대안을 도출하여 합리적인 결론을 낸다.
● 필요한 경우 중재자를 내세운다.
● 시종일관 관용과 포용력을 발휘하고 감정을 잘 조절하여 마음
  을 다스린다.

실천하기

- 소통을 위해 자신의 견해와 감정 표현보다는 상대방의 말을 경청한다.
- 상대방이 자신과 사고방식이 다를 수 있다는 점을 인식한다.
- 자신의 논리를 전달하기에 앞서 상대방을 이해하고 존중해 준다.
- 공감대 형성을 위해 상황을 상대방의 입장에서 바라보려고 노력한다.
- 신뢰를 쌓아 정직하고 솔직하게 소통한다.
- 상대방의 특성을 제대로 이해하고 감성에 호소한다.
- '갈등 해결을 휘해 나는 옳고 상대방은 틀렸다'라는 단정을 경계한다.
- 대방과의 차이를 인정하면서 인내심을 발휘하고 분노를 통제한다.
- 상대방에 대한 편견이나 선입견을 갖지 않는다.
- 타협과 상생의 자세를 취한다.
- 필요한 경우 중재를 요청한다.
- 품위 있는 단어를 쓰면서 차분하게 말한다.
- 이야기와 유머를 섞어 재미있게 말한다.
- 혀로만 말하지 말고 눈과 표정으로도 말한다.
- 상대방의 말을 진지하게 듣고 있다는 느낌을 주는 행동을 한다.
- 상대방이 말을 할 때 눈을 쳐다보고 때로는 맞장구를 친다.
- 진심에서 우러나온 칭찬하는 말을 한다.
- 미소 짓는 표정을 한다.
- 유머 감각을 가지도록 노력하고 격조 있는 유머를 익힌다.

 토론하기

- 소통을 잘하기 위해서 어떻게 해야 할까?
- 공감대 형성을 위해 어떻게 해야 할까?
- 갈등이 생겼을 때 어떻게 해야 할까?

소통은 어려운 일

지금은 네가 주위 사람들과 소통해야 하는 일이 한정적일지 몰라. 하지만 지금도 너는 평소보다 많은 용돈을 요구할 때, 색다른 물건을 사려고 할 때, 부모님 의견과 다른 상급학교에 진학하려고 할 때, 심지어 부모님이 반대하는 네 꿈을 펼치기 위해 개인 지도를 받으려고 할 때 등 부모님과 소통해야 할 일이 많이 있을 거야. 그리고 선생님과 소통해야 할 일이 적지 않을 것이고 친구와 소통해야 할 일도 많을 거야.

앞으로 성장하면서 점점 소통해야 할 일이 더 많아질 것이며, 사회생활을 하게 되면 생활 자체가 온통 소통해야 할 일들이야. 비즈니스 자체가 소통하는 일이니까 말이야. 직장 생활에서 어떤 일을 추진하려면 상사나 동료들과 소통해야 하고 고객과 소통해야 물건을 판매할 수 있는 거지. 네가 하고 싶은 일과 꿈의 실현은 소통을 통한 인간관계에서 이루어지는 것이 다반사야.

사람은 사회적 동물로서 더불어 살아가야 하는 존재야. 세상을 살아가면서 만나게 될 수많은 사람, 그들은 저마다 경험과 지식과 지혜를 가지고 있어서 그들의 마음을 얻는 일은 어려운 일이지.

소통 능력을 갖추는 것은 삶에서 중요한 일이야. 남들만이 아니라 가장 가까운 가족끼리도 서로 의견을 나누면서 의사결정을 통해 살아가야 하지 않니? 가만히 생각해 보면 일상생활은 소통의 과정으로 설득하고 설득당하는 일이 전부인 것 같아. 세상은 소통의 홍수야. 온 매체를 통해 쏟아지는 마케팅 광고는 소비자를 설득하기 위해 온갖 아이디어를 짜낸 소산이지.

요즈음 학교에서나 입사시험에서 강조하는 논술도 글쓰기를 통해서 논리적으로 소통하는 거야. 토론도 논리적인 말로 소통하는 것이며, 면접도 면접관과 소통하는 행위야.

생텍쥐페리는 《어린 왕자》에서 '세상에서 가장 어려운 일은 사람의 마음을 얻는 일이다. 각각의 얼굴만큼 다양한 각양각색의 마음에서 순간에도 수만 가지의 생각이 떠오르는데, 그 바람 같은 마음을 머물게 한다는 건 정말 어려운 일이다'라고 했어.

인간은 쉽게 설득당하지 않는 존재야. 마음을 움직이기란 결코 쉬운 일이 아니지. 설득된 듯이 보이는 경우는 정말로 마음에서 우러나와서 설득된 것이 아니라 설득하는 쪽이 우월적 지위에 있는 경우가 많아. 요즈음 소위 말하는 갑의 처지에 있는 경우 말이야.

설득한다는 것은 상대를 이해한다는 거야. 누군가를 설득하려 한다면 상대의 입장이 되어보아야 해. 소통의 본질은 설득이 아니라 공감에 있어. 공감은 마음과 마음이 서로 통하는 상태야. 공감은 똑같이 느끼는 것만이 아니라 상대방의 느낌까지도 받아들이는 것이야.

공감대를 높이려면 상대방의 심정과 감정을 진심으로 이해하는 '마음의 시력'을 가지고 진실한 마음으로 대하는 것이 우선이야. 그래야 거기에서 친근감과 공감을 느끼면서 마음에서 동조가 우러나는 거지.

소통 능력은 정말로 중요한 기술이야. 소통 능력을 발휘하기 위해서는 존중과 인정이 필요하지. 사람은 누구나 자신에게 관심을 기울이고 공감해주면 호감을 느끼면서 긍정적인 반응을 나타내지. 그러니 네가 소통하여 동의를 얻어야 할 일이 생기면 상대방에게 초점을 맞추어 관심을 집중해야 해.

상대방의 입장을 존중하여 너와는 의견이 다를 수도 있음을 받아들이고 너 자신의 논리를 전달하기보다는 상대방의 말을 들어주고 이해하는 태도가 우선되어야 해. 특히 상대방이 관심 있어 하는 부분을 질문하여 더 큰 공감을 불러일으킬 수도 있어. 상대방은 개인적으로 중요하게 느끼는 점을 인정받고 싶어 하므로 상대방의 관심사에 대하여 마음을 사로잡는 이야기를 들려주면 공감을 크게 불러일으킬 거야.

그리고 소통력을 높이기 위해서는 네가 하고자 하는 메시지가 단순하고 명쾌해야 해. 그래야 상대방이 기억하기 쉽고 받아들이기가 쉬울 거야. 그러니 앞으로 가족, 친구, 선생님 등 가까운 사람들과 원활한 소통으로 네가 하고자 하는 일이 순조롭게 이루어지길 바란다.

◉ 소통의 본질과 관건은 공감에 있으며 상대방을 이해하는 데서 출발한다.

◉ 소통을 위해서는 먼저 자기 생각이나 감정을 표현하기보다는 상대방의 말을 경청해야 한다.

◉ 소통을 위해서는 정직하고 솔직해야 하며 때로는 이성보다는 감성에 호소해야 한다.

◉ 소통 능력을 키우려면 다양한 경험과 독서를 통한 식견과 포용력을 길러야 한다.

◉ 공감이 있어야 마음에서 동조가 일어나므로 공감대 형성을 위해 노력해야 한다.

◉ 좋은 인간관계를 맺고 유지하기 위해서는 공감대가 형성되어야 한다.

◉ 공감대를 형성하기 위해서는 솔직함의 바탕 위에서 이해하며 신뢰를 쌓아야 한다

◉ 공감대 형성은 내용을 떠나 태도가 결정적인 영향을 미치기도 하므로 겸손한 자세를 취해야 한다.

◉ 갈등을 일상적인 상황으로 받아들이고 소통을 통해 해결해야 한다.

◉ 갈등 요인을 사전에 감지하여 소모적인 요소를 줄여야 한다.

◉ 갈등관리의 기본은 먼저 상대방의 의견을 듣는 것이다.

◉ 갈등 예방과 해결을 위해 관용과 포용력을 발휘하여 공감대를 형성해야 한다.

◉ 갈등 해결 실천과제의 기본은 상대방의 처지에서 생각하고 행동하는 역지사지(易地思之) 자세를 발휘하는 것이다.

1 소통해야 하는 이유는 무엇인가요?

2 소통 수단을 통한 소통 방법에 대해 서술하시오.

3 소통을 잘하기 위한 실천 행동을 세 개 적어 보세요.

4 공감대 형성이란 무엇인가요?

5 갈등 해결 방법을 서술하시오.

정답 1. 인간은 서로 생각과 행동양식이 달라 관계가 단절될 수 있어 사람 사이가 정답 잔에 서로 마음이 통하여 상호 신뢰를 나타내는 위치이다. 2~3. 각자 작성 4. 두 사람 사이나 집단 잔에 서로 마음이 통하여 상호 신뢰를 나타내는 위치이다. 5. 각자 작성

8 협동

🔖 **학습목표** • 협동의 필요성을 인식하고 잘하는 실천 방법을 열거할 수 있다.
• 근면의 의미를 이해하고 실천 방법을 열거할 수 있다.

1 삶과 협동

🎤 존 번연 ≪천로역정≫ 중에서

• 천당과 지옥의 모습에서의 차이점은 무엇일까?

천로역정(The Pilgrim's Progress)
한 사람의 청교도가 자신의 죄를 깨닫고 구원을 체험한 뒤 모든 고난을 이기고 하늘로 들어갈 때까지의 이야기를 쓴 책.

　　천당과 지옥의 모습을 보고 싶어 하는 사람이 먼저 지옥으로 갔다. 지옥이라서 말할 수 없을 정도로 비참할 줄 알았는데 그렇지 않았다. 식당에 가보니 음식이 잘 차려져 있었고 사람들의 손에는 굉장히 긴 숟가락과 젓가락이 고정되어 있었다. 지옥의 사람들은 긴 수저로 밥을 떠서 자신의 입으로 가져가려 했지만 먹기는커녕 국과 밥을 온통 흘려버리고 계속해서 먹으려고 수저를 움직여보지만, 밥 한 톨과 국 한 모금도 먹지 못하고 앞사람을 수저로 찌르게 되니 서로 싸우면서 아비규환을 이루고 있었다.

　　이번에는 천당으로 가보았는데 지옥과 똑같이 생겼으며 수저를 사용하는 것도 마찬가지였다. 천당의 사람들은 자신의 긴 수저로 밥과 국을 상대방 입에 넣어주는 것이었다. 서로에게 사이좋게 먹여주니 너나 할 것 없이 모두가 평화롭게 배불리 먹고 있었다.

존 번연(John Bunyan,
1628~1688)
영국의 작가. ≪천로역정≫
저자.

협동의 의미

● 개인이나 집단이 공통의 목적과 목표를 달성하기 위한 활동
이다.

● 서로 함께하여 결합하고 뭉쳐서 힘을 모으는 행동이다.

● 서로 돕고 화합하고 마음을 나누는 행동이다.

● 나와 동료들과의 공동의 가치를 추구하는 것이다.

● 자신과 동료, 공동체가 함께 성장 발전하기 위한 것이다.

● '나'보다는 '우리'를 먼저 생각하는 것이다.

협동해야 하는 이유

● 인간은 혼자서는 살 수 없는 '사회적 동물'이기 때문이다.

● 개인과 사회 발전의 기본 조건이기 때문이다.

● 공동체에서 더불어 살아가기 위함이다.

● 각자의 능력에 따른 성과보다는 훨씬 큰 시너지 효과를 나타내
기 때문이다.

● 각자로서는 이루어낼 수 없는 조화롭고 더 큰 성과를 거둘 수
있기 때문이다.

협동의 결과

● '백지장도 맞들면 가볍다'는 말처럼 혼자 하는 것보다 더 쉽게
잘할 수 있다.

● 혼자서는 할 수 없는 일을 해낼 수 있다.

● 다른 사람이 하는 것을 보고 배울 수 있다.

● 함께 발전할 수 있다.

● 협동심을 길러 바른 사람으로 성장할 수 있다.

● 이해하고 양보하고 배려하는 마음을 기를 수 있다.

협동을 잘하는 방법

● 자기가 맡은 일에 최선을 다한다.

● 이해심과 인내심을 발휘한다.

● 이기적이지 않고 동료에게 배려해야 한다.

● 자신의 능력만을 내세우는 교만함을 버리고 겸손해야 한다.

2 ⌒ 근면과 협동

 일의 의미

• 교수가 삶에서의 일의 의미를 무엇이라고 했을까?

　대학을 졸업한 후 취직을 한 제자가 자신이 존경하는 교수를 찾아가 말했다.

　"교수님, 저는 일이 중요하다는 걸 잘 알고 있습니다만 취직해서 일해 보니 제가 원하는 일이 아닌 것 같은데 어떻게 해야 합니까? 저는 지금 생계를 위해 어쩔 수 없이 일하고 있습니다."

　제자의 말을 진지하게 듣고 있던 교수가 말했다.

　"어쩔 수 없어서 일한다고? 비록 원하는 일이 아니라고 하더라도 열심히 최선을 다할 때 원하는 일을 할 기회가 주어질 것이며 그때 더욱 능력을 발휘할 수 있을 거야. 원하는 일이 아니라고 그럭저럭 지내다 보면 원하는 일을 할 기회가 주어지지 않을 뿐만 아니라 설사 그런 기회가 주어졌다고 하더라도 또다시 그럭저럭 보내면서 능력 발휘를 하지 않거나 못하게 될 거야."

　묵묵히 듣고 있던 제자가 물었다.

　"교수님, 그런데 인간은 평생 일을 해야만 하는데 일은 삶에 어떤 의미가 있습니까?"

　교수는 좋은 질문이라고 생각했는지 흐뭇한 표정을 지으며 대답했다.

"일에는 일 자체 그 이상의 의미가 담겨 있어. 주어진 일에서 최선을 다한다면 근면과 인내와 의지와 같은 덕목을 익히고 키울 수 있는 거야. 아무리 하찮아 보이고 마음에 안 드는 일이라도 일을 하지 않는 게으른 상황에 비한다면 많은 유익을 얻을 수 있어. 사람은 일을 통해 배우고 성장하는 거야. 그러니 주어진 일에 감사하면서 최선을 다해야겠지."

삶과 일

- 일이란 삶의 목적을 달성하기 위하여 행하는 정신적·육체적 활동이다.
- 삶을 영위하면서 누구나 일을 해야 한다.
- 일은 축복이며 일한다는 것이 인생의 가치이며 행복이다.
- 책임감을 가지고 자신의 일을 부지런히 해야 한다.
- 일하는 자는 힘을 갖고 있으며 게으른 자는 힘이 없다.

근면의 결과

- 근면은 자신의 일에 최선을 다하는 자세이다.
- 자신의 일에 최선을 다하는 근면을 발휘해야 협동도 잘할 수 있다.
- 일하면서 규칙적인 생활 습관으로 건강하고 활기차게 살아간다.
- 문제 해결 방법, 절제와 성실, 책임감과 같은 도덕적 가치를 배운다.
- 일을 통해 공동체의 규범을 익히고, 더불어 살아가는 방법을 배운다.
- 함께 일을 하는 과정에서 협동과 나눔, 배려와 같은 공동체 생활에서 필요한 태도를 배우고 공동체 발전에 이바지한다.
- 일함으로써 삶에 보람과 가치를 느낄 수 있다.

즐거워하는 일

- 즐거워하는 일을 해야 협동에서 더 큰 능력을 발휘할 수 있다.
- 즐거운 일을 하면 힘든 '일'이 아니라 즐거운 '놀이'가 된다.
- 삶의 의미를 느끼면서 일할 수 있다.
- 일이 기쁘고 즐거우면 삶도 기쁘고 즐거워진다.
- 즐겁고 희망적인 일에 종사하는 것이 행복의 비결이다.
- 즐거운 마음으로 일을 잘하기 위해서는 열망하는 일을 해야 한다.

잘할 수 있는 일

- 잘할 수 있는 일을 협동해야 능력을 발휘할 수 있다.
- 자신의 능력으로 잘할 수 있는 일이 있고, 아무리 노력해도 잘할 수 없는 일이 있다는 것을 깨닫고 인정해야 한다.
- 자신이 할 수 있는 일과 할 수 없는 일을 알아야 최대의 능력을 발휘할 수 있다.
- 자신의 능력을 최대한 발휘할 수 있는 일에 집중해야 한다.

실천하기

- 어려운 과제를 다른 사람과 함께 한다.
- 집안일을 식구들과 함께 한다.
- 단체 운동 경기를 할 때 협동하여 승리하도록 한다.
- 함께 연주하거나 합창할 때 협동하여 아름다운 화음을 낸다.
- 무거운 물건을 함께 든다.
- 협동하여 일할 때 "감사합니다" "즐겁습니다"라는 말을 자주 한다.
- 능력을 발휘하여 잘할 수 있는 일을 한다.
- 내가 하는 일을 사랑하면서 최선을 다한다.
- 지금 하는 일을 즐기면서 집중한다.

 토론하기

- 협동해야 하는 이유는 무엇인가?
- 근면하기 위해서는 어떻게 해야 할까?

협동 시

자동차 만들기

자동차 한 대를 만드는 데
한 사람의 힘만으로는 어림도 없는 일이다
많은 사람이 각자 맡은 분야에서
협동하기에 가능한 일이다

각자의 능력과 강점을 가지고
경쟁이 아니라 서로 도와주고 보완해 주는
협동 전략으로
평범한 사람들이 함께하여
비범한 결과를 만들어낸다

◉ 협동은 개인이나 집단이 공통의 목적과 목표를 달성하기 위한 활동이다.

◉ 협동은 서로 돕고 화합하고 마음을 나누는 행동이다.

◉ 협동을 해야 하는 이유는 각자로서는 이루어낼 수 없는 조화롭고 더 큰 성과를 거둘 수 있기 때문이다.

◉ 협동하면 혼자서는 할 수 없는 일을 해낼 수 있다.

◉ 협동하면 이해하고 양보하고 배려하는 마음을 기를 수 있다.

◉ 협동을 잘하려면 자기가 맡은 일에 최선을 다해야 한다.

◉ 삶을 영위하면서 누구나 일을 해야 한다.

◉ 자신의 일에 최선을 다하는 근면을 발휘해야 협동도 잘할 수 있다.

◉ 즐거워하는 일을 해야 협동에서 능력을 발휘할 수 있다.

◉ 즐거운 일을 하면 힘든 '일'이 아니라 즐거운 '놀이'가 된다.

◉ 즐거운 마음으로 일을 잘하기 위해서는 열망하는 일을 해야 한다.

◉ 잘할 수 있는 일을 협동해야 능력을 발휘할 수 있다.

◉ 자신이 할 수 있는 일과 할 수 없는 일을 알아야 최선의 능력을 발휘할 수 있다.

확인하기

1 다음 중에서 협동의 내용을 바르게 설명한 것이 아닌 것은 무엇인가요?

① 여럿이 함께 협동하면 혼자서는 할 수 없는 일을 쉽게 해낼 수 있다.

② 협동은 평범한 사람들이 비범한 결과를 만들어내는 원동력이다.

③ 아무리 작은 능력이라도 협동하여 힘을 합하면 엄청난 힘이 발생한다.

④ 협동할 때는 자신의 주체성을 버려야 한다.

2 협동해야 하는 이유를 적어 보세요.

_____

3 협동하면 어떻게 되는지 적어 보세요.

_____

4 협동을 잘하는 방법을 적어 보세요.

_____

5 단체 운동 경기에서 협동하지 않으면 어떻게 될까요?

_____

6 근면하면 어떻게 될까요?

_____

정답 1. ④ 2~6. 각자 작성

PART

03

예방 교육

1 학교폭력 예방

2 자살 예방

1 학교폭력 예방

학습목표 • 학교폭력의 유형과 예방 방법에 대해 설명할 수 있다.
• 학교폭력 예방과 관련하여 친구의 중요성을 인식할 수 있다.
• 학교폭력의 주요 원인인 분노 조절에 대해 설명할 수 있다.

학교폭력의 현실

폭력은 자존심을 말살하고 극도의 공포심을 주는 행위이다. 청소년들이 쉽게 폭력에 노출되어 학교폭력이 난무하고 있다. 청소년 폭력은 심각한 사회 문제이다. 특히 학교에서 벌어지고 있는 학교폭력은 개인과 개인의 문제가 아니라 가해자가 집단화 되어 있다.

감수성이 예민한 이 시기의 학교폭력은 피해학생에게는 평생 씻을 수 없는 상처를 안기며 가해자에게는 여러 제재가 뒤따르며 자칫 전과자라는 불명예가 평생 따라다니면서 인생에 오점을 남긴다. 그러므로 자신의 폭력 행위가 어떤 결과를 낳을 것인지에 대해 예측해 보면 그 심각성을 깨닫게 될 것이다.

폭력은 잘못된 방법으로 상대방을 무력으로 위해를 가하고 제압하는 것으로 피해자에게 신체적·정신적인 고통을 안긴다. 그 고통은 신체의 아픔뿐만 아니라 정신적으로 치유하기 힘들 정도의 자아 상실감에 빠지게 하며 복수에 나서게 하여 폭력의 악순환을 일으키거나 자살 등 극단적인 선택에 내몰리기도 한다. 이는 엄청난 사회적 혼란과 사회적 손실을 초래한다.

학교폭력의 원인

학교폭력의 원인은 학우 간에 공감하지 못하는 갈등 상황에서 분노를 조절하지 못해 일어나거나, 소유욕을 충족하기 위해서나 심지어 폭력을 통해 쾌감을 느끼기 위해서도 행해진다.

학교폭력과 친구

학교폭력은 대개 동급생이나 상·하급생 사이에서 벌어지는 행위이다. 진정한 친구 사이에서는 상호 예절을 지키며 절대 학교폭력이 일어나지 않는다. 그러므로 친구에 대한 주관을 확립하고 올바른 친구를 사귀어야 한다.

🎙 버트런드 러셀 어록

> 좋은 친구를 기다리는 것보다 스스로가 누군가의 친구가 되었을 때 행복하다.

버트런드 러셀
(Bertrand Russell,
1872~1970)
영국의 수학자, 철학자, 노
벨문학상 수상.

친구는 인생에서 소중한 보물이며 좋은 친구 한 사람 만나는 것이 인생의 축복이며 행운이다. 만남으로 친구가 되는 것이지만 만난다고 해서 꼭 친구로 연결되지는 않는다. 좋은 친구를 만나는 것은 더욱이나 어렵다.

좋은 만남을 위해서는 자신을 가꾸고 다스려야 하며 자신이 먼저 좋은 친구가 되어야 한다. 상대방이 좋은 친구라는 생각이 들면 다가오기를 기다리지 말고 따뜻한 가슴과 밝고 쾌활함으로 먼저 다가가야 한다. 친구란 부름에 대한 응답이므로 먼저 손을 내밀어야 상대방도 마음을 열어 좋은 친구 관계를 맺을 수 있다.

학교폭력과 분노

학교폭력 원인 중의 하나는 분노이다. 상대방에 대한 분노이든, 자기 자신에 대한 분노이든 상대방이 아닌 다른 사람 때문에 생긴 분노이든, 세상에 대한 분노이든 이를 특정인에게 집중하여 폭발시키는 것이 학교폭력이다. 그러므로 분노를 잘 관리하여야 한다.

 두 친구

• 다투는 두 친구에게 의사는 어떻게 처방했을까?

> 학교 기숙사에서 같은 방에 기숙하는 두 친구가 잘 지내다가도 가끔씩 크게 다투었다. 두 사람은 의사를 찾아가서 상담을 했다. 의사는 두 친구에게 처방전을 주면서 말했다. "분노가 치솟을 때는 처방 받은 약을 물과 함께 입안에 넣고 5분이 지난 후에 삼키세요. 그리고 다시 5분을 침묵하고 있으면 큰 효과를 볼 것입니다."
>
> 그 이후 두 친구는 화가 나면 의사 말대로 했는데 신기하게도 마음이 가라앉고 다투지 않았다. 약이 떨어지자 다시 의사를 찾아가서 약을 더 처방해 달라고 하자 의사가 말했다. "사실 그 약은 비타민입니다. 비타민을 삼키는 동안, 그리고 삼킨 후에 잠깐의 시간이 분노를 가라앉히는 것입니다. 그러니 화가 나면 무조건 일단 조금 참아야 합니다."

분노란 불길과 같아서 부채질하면 더욱 거세게 타오르며 반대로 참으면 참을수록 잦아들므로 잠재워야 한다. 참는 동안 분노에 깔린 슬픔, 고통, 증오를 가라앉히고 상처를 헤아리고 풀어주어서 분노를 일으키게 한 감정적인 고리를 끊어야 한다.

분노를 다스리는 법을 터득해서 사는 것이 삶의 지혜다. 분노를 어리석게 다루어서 자신과 주변에 상처를 남기고 화를 입지 않도록 분노를 잘 조절하고 학교폭력에서 벗어나야 한다.

🖐 학교폭력의 유형

신체폭력, 사이버폭력, 언어폭력, 금품 갈취, 강요, 따돌림, 성폭행 등이 있다.

신체폭력

신체를 때려서 고통을 주는 상해와 폭행, 강제로 일정한 장소로 데리고 가는 약취, 일정한 장소에서 쉽게 나오지 못하게 하는 감금, 상대방을 속이거나 유혹해서 일정한 장소로 데리고 가는 유인 등이 있다.

사이버폭력

인터넷, 핸드폰 등 정보통신기기로 협박, 위협, 비난하기, 사이버머니·아이템 훔치기, 헛소문 퍼뜨리기, 악성 댓글 올리기, 원치 않는 사진이나 동영상을 찍거나 유포시키는 행위이다.

구체적으로는 인터넷 게시판, 채팅, 문자, 카페 등에 특정인에 대한 모욕적인 말이나 욕설 등을 올리는 행위, 허위 내용의 글이나 사생활에 관한 사실을 불특정 다수에 공개하는 행위, 위협, 조롱, 성적수치심을 주는 글·그림·동영상 등을 유포시키는 행위, 공포심이나 불안감을 유발하는 문자·음향·영상 등을 반복적으로 전송하는 행위 등이다.

언어폭력

욕설, 비웃기, 은어로 놀리기, 겁주기, 위협, 협박, 신체 특정부분 놀리기 등이 있다. 여러 사람 앞에서 상대방의 외모, 성격,

능력 등을 비하하는 말로 명예를 훼손하는 행위이다.

금품 갈취

일부러 상대방의 물건을 망가뜨리거나, 강제로 빌리기, 돈이나 옷, 문구류 등 물건을 빼앗는 행위이다.

강요

폭행 또는 협박으로 상대방의 권리 행사를 방해하거나 의무가 없는 일을 강제로 하게 하는 행위이다. 강제적으로 심부름을 시키는 것으로 빵 셔틀, 와이파이 셔틀, 숙제 셔틀 등이 있다.

따돌림

싫어하는 말이나 빈정거림, 면박이나 핀잔주기, 말을 따라하며 놀리기 등으로 다른 학생들과 어울리지 못하도록 하는 행위이다.

성폭력

상대방의 의사에 반하여 성적 불쾌감을 주거나 해악을 끼치는 성적 행위이다. 강제적 성행위인 성폭행, 신체적 접촉 행위인 성추행, 성적인 언어나 음란 전화 등으로 성적 수치심을 주는 성희롱 등이 있다.

학교폭력에서 벗어나기

● 가해학생들은 신고를 가장 두려워하므로 피해를 당한 학생은 신고를 하겠다는 적극적인 의사를 표시한다.

- 부모님, 선생님에게 알리고, 전문 상담 기관에서는 법에 의해 상담 내용은 비밀로 지켜주므로 이들의 도움을 받는다. 법에 의해 피해학생에 대해서는 보호 조치가 이루어진다. 심리상담 및 조언, 임시 보호, 치료 및 치료를 위한 요양, 학급 교체, 그 밖에 피해학생 보호를 위해 필요한 조치가 취해지며, 피해학생에 대해 출석일수를 산입하며, 성적 평가 등에 불이익을 금지하고 있다.

- 특히 피해학생이 나중에 가해학생이 되어 폭력에 나서는 경우가 있는데, 피해를 당했을 때 잘 극복하여 가해학생이 되는 일이 없도록 해야 한다.

- 피해학생은 자존감 회복을 통해 자기비하 감정에 빠지지 않도록 한다.

- 가해학생은 분노를 조절하고 상대방에 대한 배려와 속죄하는 마음을 회복해야 한다.

> ☑️ **학교폭력 신고할 곳**
> - 신고전화: 국번 없이 117
> - 학교폭력 온라인 신고: www.safe182.go.kr
> - 학교폭력 모바일 신고: m.safe182.go.kr

가해 행위에 대한 증거 확보

- **서면 자료**: 피해에 대한 일체의 진술서, 피해학생의 일기장, 주변 친구의 진술서, 병원 진단서
- **사진 자료**: 상처가 있으면 즉시 촬영
- **사이버 자료**: 이메일, 채팅 내용, 게시판 글 등을 화면 캡처하거나 출력

• **녹취 자료**: 목격자를 만나 진술을 듣고 녹음(대화자간의 녹음
은 상대방의 동의가 없어도 합법임)
• **휴대폰 자료**: 문자, 음성메시지, 사진, 동영상 등 보관

가해학생의 마음가짐

학교폭력은 범죄 행위이다. 학교폭력을 저지르면 학교에서의 징
계 및 법적으로 보호처분, 형사적 처벌을 받게 되어 평생 씻기 힘
든 과오로 남게 된다. 학교폭력은 나중에 군대폭력, 사회폭력, 가
정폭력으로 이어져 평생 폭력의 굴레에서 벗어나기 어렵다. 그러
므로 애초에 학교폭력의 사슬에서 스스로 벗어나야 한다.

학교폭력을 목격한 학생의 의무

학교폭력을 목격했을 경우에 방관자가 되어서는 안 된다. 학교
폭력 사실을 알게 된 학생은 선생님에게 알릴 법적 의무가 있다.
그러므로 보복이나 따돌림을 당할까 두려워하지 말고 용기를 내
어 선생님께 신고하여야 한다.

학교폭력은 절대 있어선 안 돼

아래 내용은 같은 반 학생들의 협박과 폭행을 견디다 못해 아파트에서 투신자살한 중학생이 남긴 유서인데 곰곰이 읽어 봐.

제가 그동안 말을 못했지만, 매일 라면이 없어지고, 먹을 게 없어지고, 갖가지가 없어진 이유가 있어요. 제 친구들이라고 했는데 ○○○하고 ○○○이라는 애들이 매일 우리 집에 와서 절 괴롭혔어요. 매일 라면을 먹거나 가져가고 쌀국수나, 용가리, 만두, 수프, 과자, 커피, 견과류, 치즈 같은 걸 매일 먹거나 가져갔어요.

3월 중순에 ○○○라는 애가 같이 게임을 키우자고 했는데 협박을 하더라고요. 그래서 제가 그때부터 매일 컴퓨터를 많이 하게 된 거예요. 그리고 그 게임에 쓴다고 제 통장의 돈까지 가져갔고, 매일 돈을 달라고 했어요. 그래서 제 등수는 떨어지고, 2학기 때쯤 제가 일하면서 돈을 벌었어요. (그 친구들이) 계속 돈을 달라고 해서 엄마한테 매일 돈을 달라고 했어요. 날이 갈수록 더 심해지고 담배도 피우게 하고 오만 심부름과 숙제를 시켰어요.

게다가 매일 우리 집에 와서 때리고 나중에는 ○○○이라는 애하고 같이 저를 괴롭혔어요. 키우라는 양은 더 늘고, 때리는 양도 늘고, 수업시간에는 공부하지 말고, 시험문제 다 찍고, 돈 벌라 하고, 물로 고문하고, 모욕하고, 단소로 때리고, 우리 가족을 욕하고, 문제집을 공부 못하도록 다 가져가고, 학교에서도 몰래 때리고, 온갖 심부름과 숙제를 시키는 등 그런 짓을 했어요.

12월에 들어서 자살하려고 몇 번이나 결심했는데 그때마다 엄마 아빠가 생각나서 저를 막았어요. 그런데 날이 갈수록 심해지자 저도 정말 미치겠어요. 또 밀레 옷을 사라고 해서 자기가 가져가고, 매일 나는 그 녀석들 때문에 엄마한테 돈 달라 하고, 화내고, 매일 게임을 하고, 공부 안 하고, 말도 안 듣고 뭘 사달라는 등 계속 불효만 했어요. 전 너무 무서웠고 한편으로는 엄마에게 너무 죄송했어요. 하지만 내가 사는 유일한 이유는 우리 가족이었기에 쉽게 죽지는 못했어요.

시간이 지날수록 제 몸은 성치 않아서 매일 피곤했고, 상처도 잘 낫지 않고, 병도 잘 낫지 않았어요. 또 요즘 들어 엄마한테 전화해서 언제 오느냐는 전화를 여러 번 했을 거예요. 그 녀석들이 저한테 시켜서 엄마가 언제 오느냐고 물은 다음 오시기 전에 나갔어요.

저, 진짜 죄송해요. 물론 이 방법이 가장 불효이기도 하지만 제가 이대로 계속 살아있으면 오히려 살면서 더 불효를 끼칠 것 같아요. 남한테 말하려고 했지만, 협박했어요. 자세한 이야기는 내일쯤에 ○○○이나 ○○○이란 애들이 자세하게 설명해줄 거예요.

오늘은 12월 19일, 그 녀석들은 저에게 라디오를 들게 해서 무릎을 꿇리고 벌씌웠어요. 그리고 5시 20분쯤 그 녀석들은 저를 피아노 의자에 엎드리게 해놓고 손을 봉쇄한 다음 무차별적으로 저를 구타했어요. 또 제 몸에 칼등을 새기려고 했을 때 실패하자 제 오른쪽 팔에 불을 붙이려고 했어요. 그리고 할머니 칠순잔치 사진을 보고 우리 가족들을 욕했어요.

저는 참아보려 했는데 그럴 수가 없었어요. 걔들이 나가고 난 뒤, 저는 저 자신이 비통했어요. 사실 알고 보면 매일 화내시지만, 마음씨 착한 우리 아빠, 나에게 베푸는 건 아낌도 없는 우리 엄마, 나에게 잘 대해주는 우리 형을 둔 저는 정말 운이 좋은 거예요.

제가 일찍 철들지만 않았어도 저는 아마 여기 없었을 거예요. 매일 장난기 심하게 하고 철이 안 든 척했지만, 속으로는 무엇보다 우리 가족을 사랑했어요.

아마 제가 하는 일은 엄청나게 큰 불효인지도 몰라요. 집에 먹을 게 없어졌거나 게임을 너무 많이 한다고 혼내실 때, 부모님을 원망하기보단 그 녀석들에게 당하고 살며 효도도 한 번도 안 한 제가 너무 얄밉고 원망스러웠어요.

제 이야기는 다 끝이 났네요. 그리고 마지막 부탁인데, 그 녀석들은 우리 집 문 키 번호를 알고 있어요. 우리 집 문 열쇠 번호 좀 바꿔주세요. 저는 먼저 가서 100년이든 1000년이든 우리 가족을 기다릴게요.

12월 19일 전 엄마한테 무지하게 혼났어요. 저로서는 억울했지만, 엄마를 원망하지는 않았어요. 그리고 그 녀석들은 그날 짜증이 난다며 제 영어자습서를 찢고 3학년 때 수업하지 말라고 ○○○은 한문, ○○○는 수학책을 가져갔어요. 그리고 그날 제 라디오 선을 뽑아 제 목에 묶고 끌고 다니면서 떨어진 부스러기를 주워 먹으라 하였고, 5시 20분쯤부터는 아까 한 이야기와 똑같아요.

저는 정말 엄마한테 죄송해서 자살도 하지 않았어요. 어제(12월 19일) 혼날 때 엄마의 모습은 절 혼내고 계셨지만 속으로는 저를 걱정하시더라고요. 저는 그냥 부모님한테나 선생님, 경찰 등에게 도움을 구하려 했지만, 걔들의 보복이 너무 두려웠어요.

대부분 학교친구는 저에게 잘 대해줬어요. 예를 들면 ○○○, ○○○, ○○○, ○○○, ○○○, ○○○, ○○○, ○○○, ○○○, ○○○, ○○○, ○○○, ○○○, ○○○ 등 솔직히 거의 모두가 저에게 잘해줬다고 해도 과언은 아니에요. 저는 매일매일 가족들 몰래 제 몸의 수많은 멍을 보면서 한탄했어요.

항상 저를 아껴주시고 가끔 저에게 용돈도 주시는 아빠, 고맙습니다. 매일 제가 불효를 했지만 웃으면서 넘어가 주시고, 저를 너무나 잘 생각해주시는 엄마, 사랑합니다. 항상 그 녀석들이 먹을 걸 다 먹어도 나를 용서해주고, 나에게 잘해주던 우리 형, 고마워. 그리고 항상 나에게 잘 대해주던 내 친구들, 고마워. 또 학교에서 잘하는 게 없던 저를 잘 격려해주시는 선생님들, 감사합니다.

우리 집 문 열쇠 번호를 바꿔주세요. 걔들이 알고 있어서 또 문 열고 우리 집에 들어올지도 몰라요.

모두 안녕히 계세요.

아빠, 매일 공부 안 하고 화만 내는 제가 걱정되셨죠? 죄송해요. 엄마, 친구 데려온답시고 먹을 걸 먹게 해준 제가 바보스러웠죠? 죄송해요. 형, 매일 내가 얄밉게 굴고 짜증나게 했지? 미안해. 하지만 내가 그런 이유는 제가 그러고 싶어서 그런 게 아니란 걸 앞에서 밝혔으니 전 이제 여한이 없어요.

저는 원래 제가 진실을 말해서 우리 가족들과 행복하게 사는 게 꿈이었지만 제가 진실을 말해서 억울함과 우리 가족 간의 오해와 다툼이 없어진 대신, 제 인생 아니 제 모든 것들을 포기했네요.

다시는 가족을 못 본다는 생각에 슬프지만 저는 오히려 그간의 오해가 다 풀려서 후련하기도 해요. 우리 가족들, 제가 이제 앞으로 없어도 제 걱정 없이 앞으로 잘 살아가기를 빌게요.

우리 가족이 행복하다면 저도 분명 행복할 거예요. 걱정하거나 슬퍼하지 마세요. 언젠가 우리는 한 곳에서 다시 만날 거예요. 아마도 저는 좋은 곳은 못 갈 거 같지만, 우리 가족은 꼭 좋은 곳으로 갔으면 좋겠네요.

매일 남몰래 울고 제가 한 짓도 아닌데 억울하게 꾸중을 듣고 매일 맞던 시절을 끝내는 대신 가족들을 볼 수가 없다는 생각에 벌써 눈물이 앞을 가리네요. 그리고 제가 없다고 해서 슬퍼하시거나 저처럼 죽지 마세요. 우리 가족들이 슬프다면 저도 분명히 슬플 거예요. 부디 제가 없어도 행복하길 빌게요.

– 우리 가족을 너무나 사랑하는 막내 ○○○ 올림 –

P.S. 부모님께 한 번도 진지하게 사랑한다는 말 못 전했지만 지금 전할게요.

엄마, 아빠 사랑해요!!!

유서 내용이 정말 충격적이야. 있을 수도 없고, 있어서도 안 되는 일이었어. 이런 폭행과 가혹 행위는 흉악한 범죄 행위야. 학교폭력이 이렇게까지 잔인하다니 한숨과 함께 분노가 치밀어 오르는구나.

폭력은 절대 있어서는 안 되는 일이야. 폭력을 행사하면 피해학생의 정신을 망가뜨릴 뿐만 아니라 삶을 망가뜨리게 돼. 남학생의 경우 학교 다닐 때의 학교폭력이 나중에 군에 가게 되면 군대폭력, 사회에 나가면 사회폭력, 결혼해서는 가정폭력으로 이어지는 거지. 이렇게 하면 꿈의 실현이나 행복 추구는 고사하고 삶과 인생을 완전히 망가뜨리게 되는 거야.

오래 전에 TV에서 김천소년교도소에서 학교폭력을 저질러 수감 생활을 하는 재소자들을 비춰주는 프로그램을 보았어. 한창 꿈을 펼치기 위해 노력해야 할 시기에 철창 속에 갇힌 모습들…. 반성과 후회와 속죄의 눈물을 흘리는 장면을 보면서 왜 자제하지 못하고 죄를 저질렀는지 안타까운 마음이 들더구나.

너는 절대로 폭력을 행사해서는 안 돼! 만약 폭력을 당하면 혼자서 해결하려고 하지 말고 반드시 신고해야 해. 망설이거나 두려워할 필요가 없어. 부모님과 선생님께 알리고 상의하는 게 최우선이야. 부득이한 사정으로 알릴 수 없다면 인터넷이나 전화로 경찰, 교육기관, 학교폭력 예방 단체에 신고해야 해.

피 끓는 청소년인 너는 마음과 행동을 다스리고 돌보아야 해. 그 열정을 꿈의 실현을 위해 쏟으면서 전진 또 전진할 것으로 믿는다.

2 자살 예방

🔖 학습목표 • 청소년 자살의 양상과 원인을 설명할 수 있다.
　　　　　 • 청소년 자살 예방 방법을 설명할 수 있다.

👆 청소년 자살 양상

　사전에는 자살을 '고의적으로 자신에게 부과한 죽음이다. 강렬한 고통을 초래하는 문제 혹은 위기로부터 탈출 하고자 하는 방법이다'라고 정의한다. 자살은 고의로 자기를 해치거나 죽음에 이르게 하는 생각과 행동이다. 자살은 한 개인이 절망적인 상황에서 해결 방법이 없고 희망이 없다고 여겨질 때 시도하는 극단적인 행동이며 가장 심각한 정신 병리이다.

　미래의 꿈에 부풀어야 할 청소년 시기에 '자살'이라는 끔찍한 생각을 하고 선택한다는 것은 큰 불행이다. 하지만 청소년 자살 사고는 점점 더 심각한 양상을 띠고 있다. 우리나라는 OECD 국가 중 자살률 1위이며, 특히 청소년의 경우 사망 원인 1위가 자살이다.

　우리 사회에서 청소년 자살은 적극적인 개입이 필요한 심각한 사회 문제이다. 자살은 일회적이고 순간적인 병리가 아니라 만성적으로 진행되는 병리이며 청소년의 자살 행동은 여러 요소들이 복잡하게 연관되어 있는 문제이다.

　청소년기의 자살이 일반인과 다른 특징은 청소년기는 아동기에서 성인기로 전환해 가는 '질풍노도의 시기'이다. 심리적으로 안정과 균형을 이루지 못하고 자신의 정체성에 대한 혼란과 미래가 불확실하다는 생각이 순간적으로 작용하여 성인에 비해 충동적인 자살의 경우가 많다. 친구나 다른 사람들과 함께 동반 자살을 하기도 하고 연예인이나 유명한 사람들의 자살을 모방하기도 한다. 현실이 아닌 사이버 공간에서의 자살을 현실과 구분하지 못하고 자살하기도 한다.

청소년 자살 원인

우울증, 불안장애, 외상 후 스트레스 장애, 학업 스트레스, 성적 비관, 지나친 경쟁, 학교폭력과 왕따, 이성 문제, 원만하지 못한 교우 문제, 실패에 따른 좌절감, 선천성 장애, 사고 후유증, 질병에 의한 건강 문제, 경제적 어려움, 가정불화, 결손 가정, 모방 자살, 약물 중독, 주변 사람에 대한 분노, 자신의 무능함에 대한 자괴감, 미래에 대한 불안 등 굉장히 다양하다.

이와 같은 다양한 원인들을 종합해 보면, 시련과 실패 그리고 걱정과 불안이며 이에 따른 절망감이 마음의 감기라고 부르는 우울증으로 자리 잡아 자살에 이르게 하는 것이다.

자살의 원인은 한 가지로 요약할 수 없고, 복잡하고 다양한 원인들이 관여한다.

시련과 자살

자신이 나름대로 판단하기에 견디기 힘들 정도의 시련이 닥치면 이를 회피하기 위해 자살을 떠올리고 시도하기도 한다. 그런 면에서 시련에 대하여 올바른 시각을 가지고 긍정적으로 받아들이면서 시련을 관리해야 한다. 삶을 영위하는 과정에는 시련이 있게 마련이므로 시련을 견디고 극복하는 마음가짐을 가져야 한다.

🎤 적송

　　소나무 중에서 으뜸은 나이테가 좁으며 붉은 소나무 즉 적송(赤松)
이다. 나이테가 넓은 나무는 쉽게 자란 나무여서 무르고 쉽게 터진다.
험한 환경에서 자라야 적송처럼 나이테가 좁고 단단하다.
　　비바람은 나무를 강한 재목으로 만들어주는 영양소이다. 비바람을
통과한 나무가 쓸모 있는 단단한 나무가 되는 것처럼 사람도 시련에
단련된 후에야 비로소 제값을 한다.

적송

　인생이 시련에 직면했을 때 극심한 고통의 나락으로 떨어지기
도 하지만 간절함과 절실함으로 내면에 있는 강력한 힘이 드러난
다. 시련은 자신의 존재를 인식하고, 자신의 위치를 결정하고 규
정하는 계기가 된다.

　시련은 성장의 기회다. 잠자던 용기와 지혜와 잠재력을 일깨우
고 감춰져 있던 재능을 발휘시킨다. 통찰력이 생기고 일에 대한
영감을 떠오르게 한다. 시련은 삶을 흔들면서 현 상태에 머무르
지 못하게 한다. 벗어나기 위해 몸부림치면서 극복하기 위한 여러
방법을 모색하고 시도한다. 지금 무언가를 해야 하며 새로운 길
을 향해 나아가게 한다.

　시련은 사람을 강하게 만드는 도구다. 시련은 단련의 기회다.
짓밟힘을 당하고 자갈이 윤이 나는 과정과 같다. 시련을 통해 더
욱 강해지고 비전이 더욱 분명하게 되면서 목표가 이루어진다. 쉽
고 편안한 환경에선 강한 인간이 만들어지지 않는다. 시련을 통
해서만 강한 영혼이 탄생한다. 시련은 두려워하고 피해야 할 대
상이 아니라, 담대하게 마주해야 할 귀중한 선물이라고 생각하고
극복해야 한다.

실패와 자살

실패했을 때 좌절감에 젖어 자살 충동을 느낄 수가 있다. 눈앞에 닥친 실패를 과장해서 받아들여서는 안 된다. 실패를 어떻게 바라보고 받아들이는가는 마음의 평정을 유지하는 데 있어서 매우 중요하다. 있는 그대로 받아들이면서 이를 잘 관리하고 해결책을 모색해야 한다. 그래야 좌절하지 않고 마음의 안정을 얻고 새로운 용기를 가지고 다시 일어설 수 있다.

 토마스 에디슨 어록

> 많은 인생의 실패자들은 포기할 때 자신이 성공에서 얼마나 가까이 있는지 모른다.

 에디슨의 실패

• 에디슨은 실패를 어떻게 받아들였을까?

> 발명왕 에디슨에게 젊은 기자가 오랫동안 연구해 왔으나 아직 발명에 성공하지 못한 전구에 대하여 질문했다. "지금까지 그 발명을 1만 번이나 실패했는데 어떤 기분이신가요?" 그러자 에디슨이 대답했다. "젊은이, 자네의 장래에 큰 이익이 될 수 있는 사고방식을 하나 일러주겠네. 나는 1만 번 실패한 것이 아닐세. 나는 전구가 잘 만들어지지 않는 이치를 발견해 내는데 성공했다네."
> 에디슨은 거듭되는 실패를 절대로 포기하지 않고 1만 4천 번의 실험을 통해 전구를 발명했다. 에디슨은 하나의 발명을 위하여 수백 배가 넘는 실패를 감내했다.

꿈을 실현한 사람의 삶의 과정에는 실패가 자리하고 있다. 큰 꿈이든 작은 꿈이든 꿈의 실현 뒤에는 쓰라린 실패가 있기 마련이다. 실패 후에 좌절하느냐 다시 일어서느냐에 따라 꿈의 실현이 결정된다. 실패에 굴복하는 것 자체가 실패이므로 실패하면 다시 일어나 뛰어야 한다. 목표를 이루지 못하더라고 영원한 실패라고 생각하지 말고 이번에 이루지 못했을 뿐이며 실패를 경험삼아서 지혜를 얻어 다시 도전하면 된다.

실패하지 않는 유일한 길은 아무런 시도도 하지 않는 것이다. 성공하는 사람은 실패하지 않는 사람이 아니라 포기하지 않고 또다시 도전하는 사람이다.

실패란 아무것도 성취하지 못했다는 걸 의미하는 것이 아니라 무엇인가 새로 배웠음을 의미한다. 실패로 자학하는 사람은 새로운 것을 배우기 힘들다.

걱정과 자살

뭉크 〈우울〉

사람이 살면서 걱정 없는 사람은 아무도 없다. 청소년기는 학업, 진학, 앞으로의 꿈 등 여러 걱정거리가 많은 시기이다. 이러한 걱정을 부정적으로만 생각하여 고민할 것이 아니라 걱정에 대한 올바른 시각을 가지고 관리해 나가야 할 것이다. 지나친 걱정은 영혼을 망가뜨려 자살 충동을 일으키는 원인이 되기도 한다. 그러므로 걱정을 있는 그대로 받아들여서 요인을 잘 관리하는 것이 중요하다. 그래야 마음의 안정을 가져와서 정상적인 생활을 영위할 수 있다.

걱정은 일어나지 말았으면 하는 일이 일어날 것이라고 부정적인 상상을 하는 것이다. 걱정은 마음을 흔들어 놓아 안정할 수 없어 앞으로 나아가지 못한다. 걱정은 에너지를 소모시키며 심신을 해친다. 특히 시련이 닥쳤을 때 걱정하는 것은 심신을 약화시킬 뿐만 아니라 해결하기 위한 진취적 사고를 막는다.

걱정은 해결할 방안이 마땅히 떠오르지 않을 때 나타나는 현상일 수도 있다. 걱정만 한다고 문제가 해결되는 것이 아니다. 걱정만 하고 아무런 노력을 기울이지 않으면 상황은 더욱 힘들어지고 불행해진다. 사소한 일, 일상적인 일, 불가피한 일에 걱정하거나 불안해하지 말아야 한다. 닥친 일 중에서 해결할 수 있는 일에 집중해서 생각하면 상당 부분 해소할 수 있다.

불안과 자살

복잡다단하고 급격한 변화를 겪는 현대 사회에서 누구나 내재적으로 불안감을 가지고 있다. 현재의 여러 상황에 대한 불안, 미래에 대한 불안, 사고에 대한 불안, 자연재해에 대한 불안 등 무수한 불안 요소를 안고 살아가고 있다. 이러한 불안이 자칫 정신적인 충격이 되어 자살로 내몰리기도 하므로 불안을 받아 들여서 잘 관리하는 것은 안정적인 삶을 위해 중요하다.

유명 가수와 개그맨, 교수가 TV에 나와 자신이 극도의 두려움과 불안을 느끼는 공황장애에 걸려 치료를 받고 있다고 스스럼없이 말한다. 이런 경우는 불안 정도가 심하여 병중에 이른 경우이며 누구에게나 정도의 차이는 있지만 삶을 영위하면서 불안을 느낀다. 질풍노도의 시기를 통과하고 있는 많은 청소년들도 공황장애를 겪으면서 불안해하고 있다.

인간에게는 의례 불안이 있기 마련이라고 불안을 인정하면서 불안을 부정적인 시각에서 볼 것이 아니라, 스포츠 활동 참여, 신앙생활, 과학 탐구, 취미 생활 등 불안을 해소하기 위한 다각도의 노력을 통해 개인의 발전과 사회적인 역동성을 이룩해야 한다.

분노와 자살

억울한 일을 당했을 경우에 분노를 참지 못하고 그 억울함을 알리는 방법으로 자살하기도 한다. 분노는 마음에 좌절과 고통과 상처를 남기고 삶의 평화를 한 순간에 앗아가 버릴 수 있다. 분노를 폭발시키는 순간 분노가 자신을 지배하게 된다. 분노에 굴복하는 순간 분노의 노예가 되고 만다. 분노가 이성의 둑을 무너뜨리도록 방치하지 말아야 한다.

분노를 억누를 줄 아는 것은 현명함을 보여주는 것이다. 분노를 다스리는 법을 터득해 사는 것이 삶의 지혜이다. 분노의 해독제는 시간이며 세월이다. 분노에 깔린 슬픔, 고통, 증오와 상처를 헤아리고 풀어주어서 분노를 일으키게 한 감정적인 고리를 끊어야 한다.

청소년 자살의 징후

- 자살하기 전 청소년들의 평소와 다른 행동들은 너무 아프고 힘들어 하고 있다는 신호이다.
- 자살이나 죽음에 대해 자주 언급하고 이와 관련된 책과 사이트를 찾아보며 죽음과 관련된 글이나 낙서를 한다.
- 대인관계를 피하고 대외적인 활동이 줄어들어서 친구나 주변 사람들과의 접촉도 줄어든다.
- 식사량이나 수면시간이 지나치게 줄거나 늘어난다.
- 주변을 정리 정돈하며 소중하게 간직하던 물건을 나눠주는 등 평소에 하지 않던 행동들을 한다.
- 갑자기 무모하고 과격한 행동을 하고 세상에 대한 분노와 적개심을 드러내기도 한다.

청소년 자살의 특징

- 사소한 일에도 쉽게 충격을 받아 충동적으로 단순하게 자살하는 경향이 많다.
- 오랫동안 자살생각을 한 결과라기보다는 감정적이다.
- 자신의 심적 고통을 외부에 알리고자 하는 호소형 자살이 많다.
- 성적 및 학교생활과 관련된 문제로 인한 자살이 많다.
- 모방 자살과 친구와의 집단 자살이 많다.
- 이성교제 문제로 자살하는 경우가 증가하고 있다.
- 카드와 핸드폰의 무분별한 사용에 따른 경제적 문제로 자살하는 경우도 있다.
- 따돌림을 당하거나 상급생 또는 급우로부터 지속적인 폭력에 시달려 자살하는 경우가 적지 않다.

청소년의 자살 예방 방법

- 생명의 소중함을 인식하고 죽음으로 모든 것이 해결될 수 없으며 긍정적이고 바람직한 해결 방법이 있음을 깨닫는다.
- 가족 간의 유대를 강화하여 서로 긴밀한 소통을 한다.
- 가정에서 청소년의 자존감을 높여주고, 정서적 안정감을 주고, 성적에 대해 지나친 부담감을 주지 않도록 한다.
- 교우 관계를 바르게 하고 선생님과 친구들과 긴밀하게 지낸다.
- 동아리 활동, 봉사 활동이나 스포츠 활동, 문화 행사 참여를 통해 쾌활함을 유지한다.
- 스스로 심리 상태와 정신 상태의 흐름을 파악하여 이상이 있다고 판단될 경우 부모님이나 선생님, 의사, 전문기관의 도움을 받도록 한다.
- 특히 우울증이 있는 경우 가장 큰 자살 원인이 되므로 반드시 치료를 받아야 한다. 우울증은 자기 자신과 미래, 그리고 이 세상에 대한 인식을 왜곡시킨다. 상황을 객관적으로 판단하여 비관적인 생각을 막는 것이 우울증 치료의 목적이다. 청소년의 우울증은 대개 그 원인이 단순하므로 효과적인 치료로 좋은 결과를 볼 수 있다. 치료에 대한 거부감이나 부정적인 생각을 하지 말고 완화될 때까지 치료를 꾸준히 받아야 한다.

자제력 발휘

청소년 자살은 한 순간을 참지 못하고 충동적으로 자살하는 경우가 많다. 그러므로 자제력을 발휘해야 한다. 자제력을 잃으면 인간은 정신적 자유를 상실하게 되고 나락으로 떨어질 수 있다. 자제력으로 충동적인 생각을 멀리하고 단호히 버텨내야 한다.

자존감 회복

심리학자들은 "자존감이 인간 행동의 중요한 기본 동기이고, 정신 건강 및 사회에 대한 적응과 밀접한 관계가 있기 때문이며, 전 생애에 걸쳐 한 사람의 정신 건강을 지배하는 주요 감정이다"라고 말한다. '자살은 자존심이 상했을 때 최후에 선택하는 것'이라는 말이 있다. 자살은 극도의 자존감 상실에서 나오는 극단적 선택이다.

자존감은 나 스스로를 사랑하는 마음에서 비롯된다. 지금 서 있는 곳이 안개가 자욱하고 진흙 뻘인 절망적인 상황일지라도 잃어버리면 안 되는 가장 중요한 한 가지는 바로 자기 자신이다. 이럴 때 자기 자신을 비하하지 말아야 한다. 안개는 바람이 불면 걷히기 마련이고 진흙 뻘은 물이 들어오면 밖으로 빠져나가게 되어 있다. 내가 부여받는 생명은 그 어떤 이유로도 훼손되어서는 안 되는 신성한 권리이자 최상의 가치이다.

긍정적 사고

자살에 이르는 사람은 현재와 앞으로의 상황을 부정적으로 보기 때문이다. 그러므로 평소에 매사를 긍정적으로 바라보는 습관을 가져야 한다. 그래야 절망적인 상황에서 잘 될 것이라는 희망을 가지면서 마음의 안정을 가져올 수 있다.

 에디슨의 긍정적 사고

• 에디슨은 절망적 상황에서 이를 어떻게 받아들였을까?

> 1914년 12월, 에디슨의 실험실이 화재로 전소되었다. 67세 에디슨의 그간의 작업들은 화염 속에 다 타버렸다. 다음날 아침, 에디슨은 폐허를 바라보며 말했다. "내 모든 실패들이 날아가 버렸으니 재앙도 가치가 있어. 새로 시작하게 해주신 신이여, 감사합니다."
> 화재 후 3주 만에 에디슨은 그의 첫 번째 축음기를 선보였다.

절망적 상황에서 잘 될 것이라고 믿는 긍정적인 자세와 안 될 것이라는 부정적인 사고는 죽느냐 사느냐의 문제이다. 어떤 일을 대할 때 이건 된다고 생각하는 것과 안 된다고 생각하는 것과의 사이에는 엄청난 차이가 있다. 주어진 상황을 긍정적으로 보아야 긍정적 결과가 나온다. 잘 될 것이라고 낙관해야 잘 될 수 있다.

부정적인 사람은 부정적인 근육을 단련하나, 긍정적인 사람은 긍정적인 근육을 단련해서 습관으로 만든다. 어떤 상황에서도 감사하는 마음가짐이 바로 긍정적인 근육이다. 대상의 가장 밝은 측면에 계속 고개를 돌리려고 노력하라. 긍정적인 사고를 하는 습관이 몸에 배이게 하라.

감사

자살을 마음먹거나 시도하는 것은 삶에 대해 감사함이 없기 때문이다. 존재 그 자체와 현재 자신이 가진 것에 대해 감사함이 없기 때문이다. 그러므로 마음의 평화를 얻으려면 감사하는 마음을 가져야 한다.

감사는 거창한 것이 아니라 작은 것에서부터 감사를 찾아내는 자기 생각이다. 감사는 소박한 기쁨을 맛보고 그런 기쁨과 조화를 이루는 능력, 그런 기쁨을 자주 만들어내는 능력에서 나온다. 아침이면 태양을 볼 수 있고 저녁이면 별을 볼 수 있고 잠들면 다음 날 깨어날 수 있고 기쁨과 슬픔과 사랑을 느낄 수 있고, 남의 아픔을 같이 아파해 줄 수 있는 따뜻한 가슴을 가지고 있으니 감사할 수 있다.

감사가 행복의 문을 여는 열쇠다. 행복해지려면 감사에 눈을 떠야 한다. 행복은 소유의 크기가 아니라 감사의 크기에 비례한다. 자신의 삶에 감사해야 행복한 사람이다. 가진 것이 적을 지라도 자신이 가진 것에 감사할 줄 안다면 그 사람이 진정한 부자이다. 가진 것에 감사할 줄 안다면 행복하고 충만한 삶을 살아갈 수 있으며 자살 충동을 이겨낼 수 있다.

희망

자살을 사도하는 것은 어떤 상황 때문이든 절망에 빠져 희망이 없다고 생각하기 때문이다. 어떤 상황에서도 희망을 발견해야 올바른 정신 건강을 유지할 수 있다. 희망이란 절망 속에서 피는 꽃이다.

고흐 〈론강의 별이 빛나는 밤〉

 희망의 별

• 희망을 가지려면 어떻게 해야 할까?

어떤 미술가가 희망을 묘사하는 그림을 완성했다. 어두운 밤을 배경으로 파도치는 바다를 건너는 작은 배 안에 한 청년이 밤하늘에 빛나는 별을 바라보고 있다. 배가 파도에 심하게 흔들리는지 청년은 선미를 붙잡고 몸을 의지하면서도 그 별을 놓치지 않으려고 바라보고 있다.

그리고 그림 밑에 '언제나 그 자리에 있는 희망을 바라보며 항해하면 언젠가 도달하지만, 희망을 바라보지 않는다면 희망은 사라지고 말 것이다.'라는 글이 적혀 있다.

희망은 좋은 결과를 기대하는 마음이거나 밝은 전망이다. 어떤 일을 이루거나 얻고자 기대하는 바람이며 아직 성취되지 않은 미래의 어느 날에 이루어질 것에 대한 소망이다.

인간만이 희망을 품는다는 것은 축복이다. 인간은 누구나 삶을 영위하면서 일이 마음대로 잘되지 않거나, 일이 이루어지지 않는 이유를 알기 어렵거나, 사람들에게 좋지 못한 평가를 받을 때 포기하고 싶고, 쓰러지고 싶은 절망적인 상황을 맞이하기도 한다. 절망이란 어리석은 사람의 결론이다. 절망적인 상황에서 희망이 없다면 바로 죽음과 같은 삶이다. 절망이 희망을 점령하게 해서는 안 된다.

세상에 희망만한 명약은 없다. 내일은 더 나아질 것이라는 기대보다 약효가 더 강한 자극제는 없다. 지금의 고통이 언젠가는 사라지리라는 희망, 누군가 어둠 속에서 손을 뻗어 주리라는 희망, 내일은 내게 빛과 생명이 주어지리라는 희망이 있어야 투혼도 빛나며 자살과는 거리가 멀게 된다.

평정심

자살의 가장 큰 원인은 마음의 감기라고 부르는 우울증이다. 그러므로 수시로 변화하는 여러 상황과 여건에 평정심을 갖는 것

169

은 매우 중요하다.

평정은 훈련이 요구되고 체험이 필요하다. 마음이 평온해졌던 경험을 떠올려보고 그러한 경험이 반복될수록 더욱 깊은 평온을 체험할 수 있다. 평정을 유지하기 위해서는 문제가 생겼을 때 단편적이 아니라 전체적 시각으로 보면 심각한 문제가 아니라 삶의 한 과정임을 깨닫게 된다.

 마음에 잡다한 생각을 없애는 방법

- 지혜로운 노인이 빈터에 곡식을 심은 청년에게 데려간 이유는 무엇일까?

> 두 청년이 지혜로운 노인을 찾아가 제자로 삼아달라고 했다. 그러자 노인은 두 청년을 넓은 공터로 데려가서 두 청년에게 각각 같은 넓이의 공터를 배분하고 나서 말했다. "지금부터 누구의 도움도 받지 않고, 어떤 도구도 쓰지 않고, 혼자서 자신의 손으로 주어진 공터의 잡초를 없애도록 해라. 반년 후 공터에 잡초가 더 적은 사람을 제자로 삼도록 하마."
>
> 한 청년은 매일 같이 공터를 찾아가 잡초를 뽑았다. 하지만 아무리 잡초를 뽑고 또 뽑아도 잡초는 그 자리에 금세 다시 자라났다.
>
> 반년 후 이 청년은 노인과 함께 다른 청년의 공터를 찾아갔다. 다른 청년이 관리하던 공터에는 잡초 대신 곡식 이삭이 빽빽하게 자라고 있었다. 빈터에 곡식을 심은 청년이 말했다.
>
> "잡초는 너무 끈질겨서 아무리 뽑아도 빈터가 있으면 다시 자라게 되어 처음부터 잡초가 자랄 빈터를 남기지 않고 이로운 곡식으로 공터를 채우면 잡초가 자랄 여지가 없어져 버립니다."

마음에 잡다한 생각이 자리 잡을 공간에 선한 생각을 집어넣으면 잡다한 생각은 사라진다.

삶의 주체가 되기 위해서는 마음 다스리는 법을 배워야 한다. 마음의 찌꺼기를 가라앉혀 평정을 유지해야 한다. 마음속에는 분노와 욕심, 이기심과 개인주의, 열등감과 패배의식과 같은 찌꺼기가 있으며 찌꺼기를 거르는 정화 과정이 필요하다. 삶에서 잡동사니를 제거하는 데 마음의 동요를 불러일으키는 기억이나 상황이 있다면 결별해야 한다.

용서

나에게 상처를 준 사람이나 내가 잘못을 저질러 죄의식을 가지면 이것이 우울증을 불러와 자살에 이르기도 한다. 이의 해결 방법은 용서하는 일이다. 상대방을 용서하고 나를 용서해야 한다. 때로는 용서하는 자신을 용서하지 못하는 경우도 있으므로 무엇보다 자신을 용서하는 자세가 중요하다.

용서는 쉬운 일이 아니다. 원한에 맺힌 이를 용서한다는 것은 말처럼 쉬운 일이 아니다. 상처는 깊고 오래 간다. 상처를 안겨 준 이에 대한 감정의 골은 쉽게 지워지지 않는다. 말로는 종종 "용서합니다" 하면서 그 말을 하는 순간에도 마음에는 분노와 원한과 복수심이 남아있다.

그래도 과거를 떨치고 일어나 변화되기 위해서는 용서할 수 있어야 한다. 나에게 상처를 준 사람이나 상황에 대해 기꺼이 용서하여 내 가슴속을 해방시켜야 한다. 상처와 원한의 감정에 매달리면 내 자신을 해치고 더 부정적인 에너지를 끌어올 뿐이다.

용서해라. 필요하다면 용서하는 나 자신마저도 기꺼이 용서해라. 내 가슴속에서 다 내보내주어라. 진정한 용서는 엄청난 카타르시스를 가져다준다. 용서는 놀라울 정도로 강력한 힘을 지닌다. 내 가슴을 깨끗이 청소해주고 해방감을 선사해준다. 용서

하는 순간 나는 고통과 분노의 자리에서 사랑의 상태로 옮겨간
다. 용서함으로써 나는 아름다운 미래를 위한 에너지를 창조하
게 된다.

망각

자살을 마음먹게 하는 것은 과거에 일어난 상황에 대해 '그 때
이렇게 했더라면' 하고 후회와 자책에서 비롯되는 것이 대부분이
다. 그러므로 과거에 일어난 잘못된 상황을 잊어버리는 것이 급선
무이다.

많은 사람이 "옛날에 나는…", "그렇게 했더라면…" 하고 과거
에 집착하면서 후회와 분노와 좌절에 빠진다. 자신을 과거에서
놓아줌은 자신에 대한 사랑이며 자신의 인생에 자유를 주는 것
이다. 과거가 아무리 좋은 것이든 최악의 것이었든지 다시 돌아오
지 않는 이미 흘러간 강물과 같은 것이다. 지난 일은 훌훌 털어버
리고 새로운 마음으로 살아가야 한다. 묵은 수렁에 갇혀 새날을
등지지 않도록 지나간 일을 던져버려라.

마음속으로 과거의 어두운 면을 바라보면서 계속 곱씹는 것은
앞으로도 비슷한 불행과 실망이 찾아와달라고 기도하는 것과 같
다. 과거를 돌아보며 지난날의 어려움에 집중하면 지금 자신에게
어려움이 더 많이 찾아오게 될 뿐이다. 과거의 실수나 잘못에 발
목이 잡혀서는 안 된다. 과거를 붙잡고 과거에 얽매여 상처받지
말고 '지금 뭘 하려고 하며, 할 수 있는지'에 집중하면 원하는 일
이 다가오기 마련이다. 원하는 것에 의도적으로 집중하고 좋은
감정을 발산해야 한다.

사색

자살은 마음의 문제에 기인한다. 특히 주어진 여건이 좋음에도 불구하고 인생에 회의를 느끼고 자살을 시도하기도 한다. 그러므로 '나는 누구인가, 어디서 왔나, 어디로 가나, 내가 올바로 살아가고 있나?' 하고 마음의 눈으로, 마음의 가슴으로 자신을 바라보는 사색이 필요하다. 그러면 조급함이 사라지고 삶에 대해 여유로움이 생긴다.

마음은 생각이 쌓여서 이루어진다. 마음을 바꾸려면 생각을 바꾸어야 한다. 마음속에 부정적인 생각이 있다면 긍정적인 생각으로 바꾸어야 마음에 평온을 가져올 수 있다.

마음은 신문 지면의 기사처럼 잡다한 것들로 채워져 있다. 마음을 정화하기 위해서는 고요히 사색에 잠겨 내면을 들여다보아야 한다. 마음이 괴로우면 미련 없이 떨치고 푸르게 잎을 틔우는 나무를 보라. 해변이나 강가로 나가 낚싯줄을 드리워라. 푸른 잎사귀와 파도와 바람 그리고 햇볕으로부터 마음의 평화를 얻어라. 삶에 여백이 필요하듯 사색을 통해 자신을 비워라.

> ♣ **청소년 자살예방에 도움을 주는 기관**
> • 24시간 정신건강 상담전화 : 1577-0199
> • 생명의 전화 : 1588-9191
> • 보건복지 콜센터 희망의 전화 : 129
> • 한국자살예방협회 사이버 상담실(www.counselling.or.kr),
> • 한국청소년 상담원 청소년 전화 : 1388

세상에서 가장 무서운 병

너는 죽고 싶다는 생각이 든 적이 있니? 많은 대한민국 청소년들이 자살 충동을 느끼고 있으며 청소년의 자살률이 OECD 국가 중에서 1위야. 정말 있어서는 안 되는 심각한 상황이고 현상이지. 나는 나라의 미래를 짊어지고 갈 청소년이 좌절과 절망에 빠져 스스로 목숨을 끊는 현실에 대해 나이 든 사람으로서 깊은 우려와 자괴감을 느끼고 있어.

얼마나 힘들었으면 그런 선택을 하겠느냐고 할지 모르겠지만, 결론적으로 말해 시련은 누구에게나 있기 마련이며 누구에게나 그런 힘든 상황이 오더라도 그런 선택을 하지는 않아. 극단적인 선택은 절대 하지 말아야 해.

시련의 고통을 불굴의 의지로 이겨낸 위인들을 일일이 거명하지 않더라도 수많은 평범한 사람들이 견디기 힘든 다양한 고통과 슬픔과 고독을 이기며 살아가고 있어. 절대 충동에 빠져 잘못된 선택을 해서는 안 되는 거야.

아무리 어렵고 견디기 힘든 고통이라도 긴 인생의 여정에서 보면 삶의 한 과정에 불과해. 톨스토이가 "추운 겨울에 꽁꽁 얼었던 땅도 봄이 오면 어머니의 젖가슴처럼 보드랍게 변하거든. 인생도 그런 것이야. 끝나지 않을 것 같은 절망의 터널도 언젠가는 빛을 보게 돼 있거든. 따라서 지금 상황이 좋지 않다고 결코 절망할 필요가 없어"라고 말했듯이 시간과 환경이 바뀜에 따라 시련은 지나가게 되어 있어.

삶은 조각을 맞추는 퍼즐과도 같아서 지금 겪고 있는 어려움이 삶의 여러 조각 중 어디에 속하는지는 세월이 지나면 알 수 있어. 지금은 견딜 수 없을 정도로 고통스러워도 결국 삶을 풍부하고 깊이 있고 의미 있게 만든 힘이 되었다는 것을 깨닫게 될 거야.

세상에서 가장 무서운 병은 암이나 에이즈나 백혈병이 아니라 절망감이야. 절망의 골이 깊어지면 스스로 목숨을 끊을 정도로 무섭지.

사람은 어떤 시련 앞에서도 희망을 품으면 이를 극복하려는 용기가 생기지만 절망해 버리면 모든 것을 포기해 버리고 말지. 절망해 버리는 사람에게 절망은 솟아날 구멍이 없는 막힌 천장인 거지.

절망의 끝자락에 붙어 있는 것이 희망이야. 아무리 힘든 절망의 벼랑 끝에서도 희망의 끈을 놓아서는 안 돼. 절망이라는 사방이 꽉 막힌 벽 앞에서도 희망을 품어야 해. 아무리 힘든 상황에서도 희망이 없는 상황은 없어.

절망적인 상황이 닥치면 긍정적인 생각이 아니라 부정적인 생각을 하기 쉬워. 감정의 변화와 기복이 심한 청소년기에 감정을 잘 다스리고 돌보아야 해.

자신의 감정과 생각들에 대해서 깨어있는 자세로 주의 깊게 관찰해야겠지. 분노, 불만, 불안, 불신, 미움, 혐오, 질투, 슬픔, 고민, 우울 등 불행의 나락으로 떨어질 수 있는 감정을 잘 살피고 긍정적인 생각으로 대체해야겠지. 자신의 강점을 발견하고 새로운 활로를 모색하는 긍정적인 생각을 가지고 해결하도록 노력해야 해.

상황을 객관적이고 명료하게 바라보고 최선을 다해 이겨내야 해. '어떻게 하면 회복할 수 있을까?'에 골몰하면서 적극적으로 대처해야겠지.

러시아 속담에 '유리는 해머에 깨지지만, 강철은 더욱 단단해진다'는 말이 있듯이 절망에 굴복하면 절망의 해머에 의해 산산조각 나는 것이지만 강철과 같은 단단한 희망을 품고 있다면 더욱 강해질 수 있어. 진정으로 강한 사람은 절망에서 희망을 품고 극복하는 사람이야.

절망적인 상황에서 혼자서 힘들어하지 말고 부모님, 선생님, 친구, 선후배들과 활발한 대화와 소통을 해야 해. 아무리 무기력해지고 사람을 대하기가 귀찮고 힘들어도 말이야. 다시 일어설 수 있는 것은 자신의 노력과 함께 인간관계에서 이루어지는 거야. 움츠리지 말고 활발하게 행동하는 것이 필수적인 요소야.

혼자서 해결하려고 하지 말고 도움을 받을 수 있는 전문가나 지인들에게 다가가야 해. 자존심을 내세우거나 오기를 발동하지 말고 마음을 열고 부탁하는 것을 부끄러워하지 마. 부탁을 통한 관심과 배려와 손길이 절망의 굴레에서 벗어나 다시금 희망의 발걸음을 걸을 수 있게 할 거야.

어려움에 부닥쳐 고통스러울 때면 랜터 윌슨 스미스의 시 한 구절인 '슬픔이 그대의 삶으로 밀려와 마음을 흔들고 소중한 것들을 쓸어가 버릴 때면 그대 가슴에 대고 가만히 말하라. '이것 또한 지나가리라'를 읊조려 보아라!

– 윤문원 ≪길을 묻는 청소년≫ 중에서

지은이 _ **윤문원**

인성교육 전문가, 작가. 저서로 ≪인성교육 만세≫ ≪고등학교 인성≫① · ② · ③ ≪중학교 인성≫① · ② · ③ ≪초등학교 인성 ①②③≫ ≪초등학교 인성 ④⑤⑥≫ ≪유아 인성교육 만세≫ ≪쫄지마 중학생≫ ≪길을 묻는 청소년≫ ≪잘나가는 청춘 흔들리는 청춘≫ ≪인생에 그림이 찾아왔다≫ ≪아버지 술잔에는 눈물이 절반이다≫ ≪엄마가 미안해≫ ≪영화 속 논술≫ ≪49편의 말 많은 영화 읽기≫ ≪논술 심층 면접 골격 답안≫ 등 50여 권이 있으며, 다수의 도서가 권위 있는 기관의 추천 도서로 선정되었고, 외국에도 수출되어 번역 출간되었다.

저서의 여러 글이 중 · 고등학교 검정 교과서(고등학교 문학, 중학교 국어, 중학교 도덕, 중학교 기술 가정)와 교사용 지도서 15곳에 게재되어 있다.

교육부 중앙교육연수원, 교육청, 방송통신대학교 프라임칼리지, 대학교, 중 · 고교, 기업 · 단체 등에서 인성 강의를 하였으며, EBS TV '교육 대토론회'와 '학교폭력 예방' 프로그램에 패널로 출연하였다.

중학교
인성 ❶

초판 1쇄 인쇄 | 2019년 3월 1일
초판 1쇄 발행 | 2019년 3월 5일

지은이 | 윤문원
펴낸이 | 심윤희
감수 및 교정 · 교열 | 김형준
디자인 | 최은숙
삽화 | 신혁

펴낸곳 | 씽크파워
출판등록 | 2005년 10월 21일 제397−2018−10호
주소 | 서울특별시 성북구 보국문로18길 19−7, 402호
전화 | 02−817−8046
팩스 | 02−817−8047
이메일 | mwyoon21@hanmail.net

ISBN 979−11−85161−22−8 (53190)

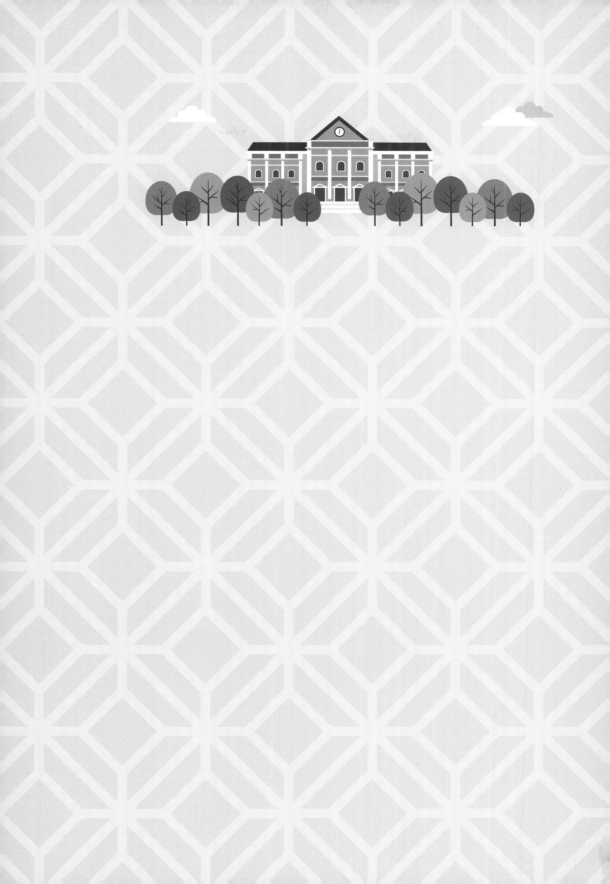